# 心ウキウキ花のお経

大谷俊定

仏教出版

# 目次

# 修証義からの花束

お釈迦さまの願いに生きられた
道元さま　瑩山さま

魅惑的な仏陀の世界へようこそ

日常経典 修証義《しゅしょうぎ》から一日一節ずつ 道元禅師《どうげんぜんじ》さまの御心《みこころ》に触《ふ》れる

# 『ブッダの心の花束をあなたに』

『修証義』は、一見平易な言葉で書かれていますが、その内容は仏教の深髄が説かれている魅力的な経典です。お釈迦様は　書物を書き残されていませんので、お弟子たちは忘れないように、何遍も何べんも　口に唱えて　人に口伝して『如是我聞』「私はこのように聞きました」と、伝え続けました。後にまとめられたものが経典です。

パーリー語　サンスクリット語などを漢文に翻訳されて我が国に伝えられました。

今日、日本で使われている経典の多くは、原典を音写した「陀羅尼」や翻訳の「漢文」が主なものですが、和文に翻訳された経典もあります。

しかし、言葉の意味などは時代や国、民族、地域、生活習慣などにより、様々に受け止め方が異なります。お釈迦様のお心を理解できなくなってはいけませんので、なるべく原典に近い陀羅尼や三蔵法師がナーランダ大学で翻訳された漢文のまま使われていることが多いのです。

道元禅師様は、中国ニンポウの天童寺へ。
当時、中国第一人者と名声のあった「如浄禅師」を訪ね、
熱心に質問をされました。
質問のメモ書きが見つかっています。
それが「宝鏡記」として　大切に残されてきました。
最近では、製本化され、研究の資料となっています。
その研究が進み、お釈迦様、道元禅師様の御心に
さらに深く触れることができるようになりました。
道元禅師様が　お釈迦様のお心を正しく理解して帰国
され、ワクワクしながら一気に書き上げられたのが、
『典座教訓』（てんぞ　きょうくん）です。
その後、『正法眼蔵』（しょうぼうげんぞう）など、多くの書物を
著されました。
明治時代になって、『正法眼蔵』から抜粋して
日常経典としてまとめられたのが『修証義』なのです。
『修証義』は、お釈迦様のお心を正しく伝えるため、又
日々に活かせるように編纂した身近な経典なのです。
それでは、魅惑的な Buddha の世界へ参りましょう。

道元禅師様が　正しい意味をお伝えくださった

お釈迦《しゃか》様《さま》三尊佛《さんぞんぶつ》　と　三具足《みつぐそく》

文殊菩薩《もんじゅぼさつ》

智慧《ちえ》の灯り

大恩教主《だいおんきょうしゅ》

釈迦牟尼仏《しゃかむにぶつ》

人徳の到達目標

普賢菩薩《ふげんぼさつ》

慈悲《じひ》の灯り

ロウソクの灯り

香しいお香

慈しみのお花

大恩教主　本師
釈迦牟尼佛

慈悲
普賢菩薩

智慧
文殊菩薩

# お釈迦様の大切なみ教え

**天上天下《てんじょうてんげ》　唯我独尊《ゆいがどくそん》**

私たち一人ひとりは

○　一つのいのち

○　一度の人生

○　一つの身体

この世に一つしかない
大切な存在であることに
目覚めよう

## 佛Buddha教は
## 目覚めの教え

# 第一章　総序

## 第一節

生《しょう》を明《あき》らめ死《し》を明《あき》らむるは　仏家《ぶっけ》一大事《いちだいじ》の因縁《いんねん》なり、
生死《しょうじ》の中《なか》に仏《ほとけ》あれば生死《しょうじ》なし、
但《ただ》　生死《しょうじ》即《すなわ》ち涅槃《ねはん》と心得《こころえ》て、
生死《しょうじ》として厭《いと》うべきもなく、　涅槃《ねはん》として欣《ねご》うべきもなし、
是時《このとき》初《はじ》めて生死《しょうじ》を離《はな》るる分《ぶん》あり、
唯一大事因縁《ただいちだいじいんねん》と究尽《ぐうじん》すべし。

一日目

## 意訳

「生きる意義　命とは」
「何時かは死を迎える　どのように迎えるか」

このことをしっかりと各自の心の中で納得できることが仏教徒としての大切な課題なのです。

現実の生活では　常に「生き死に」の世界に身を置いています。仏 Buddha としての真理を悟ることが出来たら、生死の迷いがなくなります。

ただ、自己利益や感情的に　この生死を捉えて
誰でもいつかは死ぬんだから　真剣に考えなくてもよい、などと投げやり、無思量になってはいけません。
死を安楽だと　捉えてもいけません。
「尊い命をもって生まれてきたのだから、何もしなくていい」と、なまくらを決め込んでもいけません。
「生死から右往左往することを離れて、この人生を有意義で実りある人生として送りたい」と
高く志を持った時、
生死の流れの迷いから　離れられるのです。

# 一緒に考えよう

おギャー　おギャー　生まれて来てくれてありがとう。
この時、初めて　その子どもの父親　母親となります。
あなたは親として、その子と同い年になのです。
　たった一度の人生
　たった一つの命
　たった一つの身体
私たちは、この素晴らしい人生を与えられて　この世に生まれてきました。
そのことを自覚することが
お釈迦様のみ教えの　一番　肝心な要点なのです。
「おめでとうございます　元気な赤ちゃんですよ」
あなたも　このように　大切な命を頂きました。
自分自身の人生の尊さを探求し、大切に　大切に全うすることが一番
一番　大事なのです
そのことを心から解ることが　何よりも大切ですよ

# いまを生きる

## 紅　梅

いよいよ　待ちに待った　春
　赤い色の梅が満開
いつまでも
いつまでも
冬の時期は続かないよね

# 第二節

人身《にんしん》得《う》ること難《かた》し、仏法値《ぶっぽうお》うこと稀《まれ》なり、今我等《いまわれら》宿善《しゅくぜん》の助《たす》くるに依《よ》りて、已《すで》に受《う》け難《かた》き人身《にんしん》を受《う》けたるのみに非《あら》ず、遇《あ》い難《かた》き仏法《ぶっぽう》に値《あ》い奉《たてまつ》れり、生死《しょうじ》の中《なか》の善生《ぜんしょう》、最勝《さいしょう》の生《しょう》なるべし、最勝《さいしょう》の善身《ぜんしん》を徒《いたづ》らにして露命《ろめい》を無常《むじょう》の風《かぜ》に任《まか》すること勿《なか》れ。

**二日目**

## 意訳

私というこの命　人生　身体を戴くということは
真に不思議なご縁です。何万年という命の系譜の中から
ありがたいご縁によって、
今、ここに私という人生をいただきました。
それのみならず、人生の価値を教えていただく
お釈迦様の仏法に出会うことができました。
　人間社会の生死の世界にあって
最勝の身体、最善の人生　最尊の生命を戴きました。
その最勝・最善・最尊の身体をむやみに朝露が日の出に消え
ゆくが如く無常の風にさらしてしまっては　なりますまい。
儚くも去っていく　無駄な時間に
流されないようにしたいものです

スイセン　早春を告げるように咲く　ヒガンバナ科

# 一緒に考えよう

両手の掌に　すっぽり収まる小さな赤ちゃん
今、お母さんのお腹から　大切な生命をもって　生まれて来てくれた
　両眼を閉じて、両手をしっかり握りしめている。
まだ見ぬ外の世界に不安いっぱい
大きな声を張り上げている
でも、両親、祖父母　看護師さんや医師の皆さんの愛情に見守られ
今ここに　大切な一人の生命をもって誕生した　赤ちゃん。
　皆の顔には　笑顔　感動の涙　安堵の笑顔
皆の口からは　おめでとう　よう頑張ったね
ご苦労さん　皆で　しっかり育てようね　ありがとう
最尊の命　最勝の善身が　今ここに誕生
仏法は、慈悲心、行願、実践することです
仏教で一番大切なみ教えは、その人の人生を輝かせることなのです。
花のように　全開　善快の人生を歩ませてあげたい
私たちも　皆　共に歩みたいですね

# いまを生きる

月下美人の開花
夕方7時頃から開花
少しずつ開いていく
無事に咲ききってほしい
花からは豊かな香りが漂ってくる
暗い中にも
小さな虫が飛んでくる
何だろう?
あっそうか　虫媒花なんだ
花の役目を
果たさなければならない
沢山の雄蕊《おしべ》
芸術的な水引のような雌蕊《めしべ》
よく見れば　魅力的　神秘的

# 第三節

無常《むじょう》憑《たの》み難《かた》し、知《し》らず露命《ろめい》いかなる道《みち》の草《くさ》にか落《お》ちん。身《み》已《すで》に私《わたくし》に非《あら》ず、命《いのち》は光陰《こういん》に移《うつ》されて暫《しばら》くも停《とど》め難《かた》し、紅顔《こうがん》いずくへか去《さ》りにし、尋《たず》ねんとするに蹤跡《しょうせき》なし、熟観《つらつらかん》ずるところに往事《おうじ》の再《ふたた》び逢《お》うべからず多《おお》し、無常《むじょう》忽《たちま》ちに到《いた》るときは国王大臣親暱従僕《こくおうだいじんしんじつじゅうぼく》妻子《さいし》珍宝《ちんほう》たすくる無《な》し、唯独《ただひと》り黄泉《こうせん》に趣《おもむ》くのみなり。已《すで》に随《したが》い行《ゆ》くは只是善悪業等《ただこれぜんあくごうとう》のみなり。

三日目

## 意訳

しかし、移り行く時間　移り行くこの身体　絶対という頼りになるものは　この世に何一つない。何時、どこの草の上に落ちるとも分かりません。その時、この身体は私の思い通りになりません。私の命は、留まることもなく、在りし日の輝く笑顔もなくなってしまうのです。

探してみても跡形もなくなってしまうのです。

よくよく考えてみると、過ぎ去ってしまった時間は戻りません。いつの間にか　やって来た儚さは、国王という権力者であろうと、政治家であろうと　親戚身内であろうと忠実に支えてくれる人であろうと　夫婦、愛する子や孫であろうと大切にしている宝物や財産であろうとも助けられません。

ただ一人で黄泉の世界へ旅立つのです。自分に付いて行くのは、自分が為した善悪の行為　生き様のみなのです。

# 一緒に考えよう

世の中は、常に移り変わり変遷していく。
火成岩や堆積岩のような固い岩石も風化し　長年に形が変化していくよね。
食べ物も腐敗していく。
私たちの身体も成長、成熟、老化と変化していくのですよ
自分の身でありながら、自分の意志では　変化を止められないの。
若々しい青春の美顔も成熟の顔へと変化して
高齢化した顔へと移って行くのです。
いついつまでも　保持できないこの命。
彼氏や彼女　恋人と出会った　あの頃のワクワクした心も今や何処にか去ってしまう。
それは、国王と言えども　思い通りにはならないこと。
精一杯咲いているツツジのように美しい花も、いつかは役目を終えていく。
唯　心に残っていくのは、生前の善悪の業、すなわち　行いのみであるの。
だから、少しでも良き思い出を残しておこう。

# いまを生きる

イヤー　きれい！
そんな華やかな声に
今は盛りと満開に咲いているボタン桜
「写真を撮って」と
彼にピースサインの彼女
桜の花に勝るとも劣らず
若い女性の可愛い笑顔
思わず　お幸せに！
声を掛けた
今が　貴女にとって　一番若い日
今日から　毎日　毎日　歳を取っていく
充実した日を送ってくださいね

# 第四節

今《いま》の世《よ》に因果《いんが》を知《し》らず業報《ごっぽう》を明《あき》らめず、三世《さんぜ》を知《し》らず、善悪《ぜんあく》を弁《わきま》えざる邪見《じゃけん》の党侶《ともがら》には群《ぐん》すべからず、大凡《おおよそ》因果《いんが》の道理《どうり》歴然《れきねん》として私《わたくし》なし、造悪《ぞうあく》の者《もの》は堕《お》ち修善《しゅぜん》の者《もの》は陞《のぼ》る、毫釐《ごうり》も忒《たが》わざるなり、若《も》し因果《いんが》亡《ぼう》じて虚《むな》しからんが如《ごと》きは、諸仏《しょぶつ》の出世《しゅっせ》あるべからず、祖師《そし》の西来《せいらい》あるべからず。

## 四日目

## 意訳

この世で今生きている人生は
自身が今日まで生きてきたあらゆる行為が原因となり、結果
となり、今の自分を作っているという、因縁果の道理や過去、
現在、未来という三世の流れの中にいるのです。
間違った考え方をして道を踏み誤っている人とは、仲間には
なってはいけません。　因縁果の大原則は明白なのです。
悪をなしている人は、自分の未来に傷をつけ、
善を行う人は　未来が開けるでしょう。
そのことは、眉毛と眉毛の間隔ほども違わないのです。
若し、因縁果の道理がなければ、自分を磨いたり、努力する
人も出てこないでしょう。人を幸せにしたいと願う人も出て
こないでしょう。お釈迦様も達磨様も・・・。
人々の幸せを願って社会で活躍する人も出てこないでしょう。

# 一緒に考えよう

この世の存在や現象など　総てのものには　原因があり　結果があるのです。すべての行為にも原因と結果があり、過去、現在、未来という時間の流れもあるのです。

そのことを科学しない人や行為の善悪を弁えないような心の乱れた人に群がってはいけません。

よくよく考えてみてください。因縁果の道理はしっかりしていて、原因のない結果はあり得ません。だから、自分勝手な思いは通じないのですよ。

悪心をもって悪事を働けば、その結果があり、善心をもって善行を積めば、心が安らかになります。このことは、少しも間違いのないことです。

もし、原因、結果の法則がないような世の中ならば、人格を磨いた人も出ないでしょう。

努力をしようとする人も出ないでしょう。

大切なことは、科学的、心理学的でない偽の因果を説けば、それは盲目です。

# いまを生きる

「私きれいでしょ　見て頂戴」
朝日が昇り始めると
間もなく　きれいに開花
一匹のクマバチが飛んできた
どの花にも
クマバチは頭を突っ込んでいく
そうか自分一輪だけでは目立たない
沢山咲き揃ってこそ
自分も勤めが果たせる
皆で開花という原因がなければ、
受粉という役目が果たせない。
それだけではない
私たちの心を和ませてくれる
私たちも善き種をまきたいね

# 第五節

善悪《ぜんあく》の報《ほう》に三時《さんじ》あり、一《ひと》つには順現報受《じゅんげんほうじゅ》　二《ふた》つには順次生受《じゅんじしょうじゅ》
三《み》つには順後次受《じゅんごじじゅ》　これを三時《さんじ》という、佛祖《ぶっそ》の道《どう》を修習《しゅじゅう》するには
その最初《さいしょ》より斯三時《このさんじ》の業報《ごっぽう》の理《り》を効《なら》い験《あき》らむるなり、爾《しか》あらざれば
多《おお》く錯《あや》りて邪見《じゃけん》に堕《お》つるなり、但邪見《ただじゃけん》に堕《お》つるのみに非《あら》ず
悪道《あくどう》に堕《お》ちて長時《ちょうじ》の苦《く》を受《う》く、

**五日目**

## 意訳

私たちの日々の行動には、その結果が表れるのに、その場で直ちに結果が出ること、しばらくして出てくること、数か月、いや数年して　なぜ今なの？　何故あなたから？などとして出てくることがあるのです。これを三時と言います。

お釈迦様のみ教えを学ぶには、この三時の原則を理解することから始めましょう。

学んだことを人に知らせた場合、その場で

「わかりました。気持ちがすっとしました。」と

結果が出てくる場合や

「あの時に　このような勉強をさせてもらったから　今の私があるのです」と、数年経ってから結果が出てくることも。

しかし、この原則を間違えて邪念をもっていると、

それこそ悪道に落ちて　長い間　苦しむことになるでしょう。

# 一緒に考えよう

善きことも　悪しきことも　見られていなかったら　それでいいや
努力したことも　しなかったことも、誰にも知られなかったら　それでよい
その結果は、
　直ぐに現れる場合や、少し時間が経ってから現れたり、
　随分と日月長時間が経過してから　現れたりするものです。

お釈迦様の教えを学ぶには、
　まず一番最初に、この三時の原則があることをしっかり
科学して思考して下さい。
そうでなければ、お釈迦様のみ教えを錯《あやま》った考えや
間違った受け止め方をしてしまうものです。
単に錯誤に陥るだけでなく、
長時間の苦しみを受けることにもなるのですよ。

# いまを生きる

「お父さんの分は小さくしておこうね」
ケーキにナイフを入れたお母さん
「どうせ　お父さん　帰ってきたら
皆がお父さんの分も食べるのやからね
シー　　内緒だよ　黙っててね」
この少年　大きくなって大人不信に
そして　母親不信
残念ながら　少年院へ
些細な事だけれど　ごまかしは禁物
いない人の分を一番大きく残そう
「お父さん　お外で頑張って
お腹すかして　帰って来られるからね」
正直と思いやりを大切にしたいね

ノアザミ　　キク科　薬草
沢山の針が葉についているので欺かれることから
アザミの名前が付いた　根は利尿・健胃剤

# 第六節

当《まさ》に知《し》るべし今生《こんじょう》の我身《わがみ》二《ふた》つ無《な》し、三《み》つ無《な》し、
徒《いたず》らに邪見《じゃけん》に堕《お》ちて虚《むな》く悪業《あくごう》を感得《かんとく》せん、
惜《おし》からざらめや、悪《あく》を造《つく》りながら悪《あく》に非《あら》ずと思《おも》い、
悪《あく》の報《ほう》あるべからずと邪思惟《じゃしゆい》するに依《よ》りて
悪《あく》の報《ほう》を感得《かんとく》せざるには非《あら》ず

六日目

意訳

よく考えてみてください。
私たちの　この世の　この身は一つしかないのです。
二つも三つもないのです。
よくよく物事を考えずに、誤って錯誤に陥ると、
虚しい日々を送ることになります。
是れが正しいと誤解をして
善くない行為をしてしまった時、
間違ってしてしまったことだから、何の報いもなく、
誰にも迷惑をかけないと誤解してしまうと
いつかは自他共に
この身と心を不幸にしてしまうのです。
先のことをよく考えて
善い行いを進んで行いたいものですね。

アジサイ　　ユキノシタ科
乾燥した花を煎じて解熱剤

# 一緒に考えよう

私の生命？
「一つしかないの　よく知ってるわ　それがどうしたの？」
地球よりも重いって　聞いたことないか？
「目方なんて計ったことがないし　わからんわ」
女性の貴女は　将来　お母さんになれるね。　お子さんから見れば　貴女は人生の
先輩なのね。お子さんが悩んだり、希望が持てないとき、
良き相談相手になってあげてほしいと思うよ。
「うん　それは思うな」
そうか　それを思っているか　良いお母さんへの道を歩み始めているね
「えっ？　ほんと？」
十八歳の少女　彼女の顔は　満面の笑顔になった。
間違いないよ　太鼓判押してあげるわ　結婚して赤ちゃんができたら見せに来てね
三年後　彼女は　双子の男の子を出産　笑顔のいいお母さんをしてます

# いまを生きる

あなたの長所を　三つあげてみてください
「そんなのない」

幼稚園の先生に　ほめてもらったことは　？

「ない」

小学校の先生には　？

「全然ない　成績の悪い私が褒められる訳がない」

お母さんには　？

「ないなあ　覚えてないもの」

でも、お母さんから手紙をもらったよ
「うちの子は、家族の事を大切に思っていますよ。

みんなを平等に扱ってくれて、優しい子です」

って　書いてあるよ
「ほんまに？」

← 希望の朝日に向かって　早春の夜明け

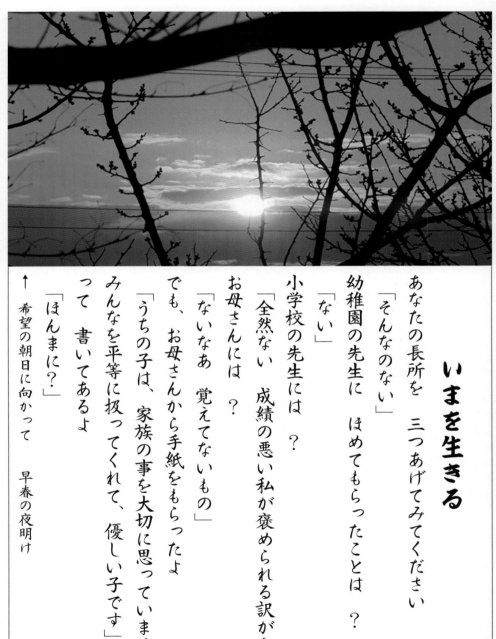

# 第二章　懺悔滅罪

ざんげ　と濁らないこと

## 第七節

仏祖《ぶっそ》憐《あわれ》みの余《あま》り広大《こうだい》の慈門《じもん》を開《ひら》き置《お》けり、
是《こ》れ一切衆生《いっさいしゅじょう》を証入《しょうにゅう》せしめんが為《ため》なり、
人天《にんてん》誰《たれ》か入《い》らざらん、彼《か》の三時《さんじ》の悪業報《あくごうほう》必《かなら》ず感《かん》ずべしと雖《いえど》も、
懺悔《さんげ》するが如《ごと》きは　重《おも》きを転《てん》じて軽受《きょうじゅ》せしむ、
又《また》　滅罪清浄《めつざいしょうじょう》ならしむるなり。

七日目

意訳

お釈迦様は、強く願われました。
肌の色、人種、男女、年齢、身体的な相違を超え、
自然の山川草木の全てを網羅して、
この世の全ての生命が生き生き出来るようにと、
広大な慈愛の法門を開いて、
すべてのものの存在の尊さに目覚めさせたいと願われました。
「法門に救われたいと願った者の中には、尽きぬ欲望の為に
自ら犯した悪業を気にしているだろうが、
心からの懺悔をし、人々だけでなく、
自然をもすべてを幸せにしたいと志し、善業を行いなさい。
そうすれば、その罪を軽くすることが出来るだけでなく、
その身と心と社会をも清浄にすることが出来るのだよ」
そのように志しなさいと。
白梅　ハクバイ
心からの懺悔《さんげ》は、まるで青空に映える白梅のようです。

# 一緒に考えよう

お釈迦様在世当時のインドは　六〇種以上の多民族　二七〇以上のカースト制による身分差別が行われていました。その民族ごとに身分差別があったのです。

仏法は、民族、身分、貧富に関係なく、その人の人格向上　その人らしく生き生きと人生を全うする教えですよ。

以前に　悪行をしたから、もう自分は救われないと、自暴自棄になってはいけません。

私のような者が・・・と　諦めたり、自分の能力を開発せずに捨ててしまったりしては、いけません。前に向かって、思い　希望を持ちなさい。

その思いの兆しは、直ちに出てくる場合、努力を重ねているうちに報われることも。

報われる機会やあなたを引き延ばしてくれる人との出会いが、光明を与えてくれるでしょう。

善くないことをした場合、五人以上の人に懺悔しなさい。過ちを犯しそうになった時、注意してもらうように願っておきましょう。

そのときから、あなたは、清浄な心になれているのです。

※存在しない非科学的な空虚なものに頼っては　ダメ!

# いまを生きる

ミツバチが　たくさん飛んでいる
見上げると高さ一〇mのシナノキに白い花が
満開　日本古来からの、科《しな》の木
多くのミツバチを育てて来たのだなあ
よく見るとクマバチも　スズメバチも蝶も
皆　仲良く密を吸っている
私たちの身勝手で　あの蜂はよいが
この蜂はダメと差別していないだろうか
共に必要だから
この世に存在しているのですよ
唯《ただ》、その性格を知って
共に仲良く暮らしたいですね
蜂は自分の巣を守るために
攻撃してくるのですよ

シナノキに密集めに来ている蜂

サンゲ　sama の音写と意味
だから濁らない

# 第八節

然《しか》あれば誠心《じょうしん》を専《もっぱら》にして前仏《ぜんぶつ》に懺悔《さんげ》すべし、
恁麼《いんも》するとき前仏懺悔《ぜんぶつさんげ》の功徳力《くどくりき》　我《われ》を救《すく》いて清浄《しょうじょう》ならしむ、
此《こ》の功徳《くどく》能《よ》く無礙《むげ》の浄信精進《じょうしんしょうじん》を生長《しょうちょう》せしむるなり、
浄心一現《じょうしんいちげん》するとき、　自他《じた》同《おな》じく転《てん》ぜらるるなり。
その利益《りやく》普《あま》ねく情非情《じょうひじょう》に蒙《こうぶ》らしむ。

八日目

意訳

そのように　高く　尊い志があるならば、真心を込めて、五人以上の仏門の人徳者に懺悔し約束しなさい。

心からの行願と懺悔の功徳は、大きな力となって、あなたを苦しみから済くってくれるでしょう。

この済われた高貴な功徳は、当人だけでなく、多くの人々の心を　更に生長させることが出来るでしょう。

そのような奇特な心が行き渡れば、皆共に法門の尊さに目覚め　救われるでしょう。

その高徳な行願は、意識するとしないとに拘わらず、すべてのものの心に染み渡ることでしょう。

ニホンシャクナゲ
山中の日陰に生育して　控えめながらも高貴な花を咲かせる
その存在感は　実に素晴らしいものがある。

# 一緒に考えよう

「この少年刑務所に入って　今、どのような　気持ちかな」

「捕まってよかったと思ってます。　そうでなかったら　取り返しのつかないことをしていたと思います」

この少年は、必ず立ち直れると確信した私です。

「君は、必ず立ち直れるよ。胸を張って帰ってきなさいね」

「ほんまですか。ありがとうございます。　頑張ります」

顔は笑顔
背筋が伸びた彼の顔には、出所への希望が湧いてきていた。

「彼女も　君が帰ってきてくれるのを　待っているよ」

この少年の笑顔に　私も心強さをもらったようだった。

この少年と私は　上下関係ではなく、人と人との信頼関係になっていた。

数年後　彼は帰ってきた。数か月後に結婚
女の子の誕生　可愛い　なんだか私がお祖父ちゃんになったみたい。

赤ちゃんを見る顔　妻を見る彼の顔は安堵と喜びに満ちていた。

# いまを生きる　さんげ

自らの心からの懺悔は
何物にも勝る強さがある
山野草は　踏まれても　摘み取られても
きれいな　花を咲かせる
よく　覗いて見ると
雄蕊《おしべ》の一つ一つは　芸術的な姿
雌蕊《めしべ》は　花粉を受けられるように　複雑な姿に
太陽に向って花弁を広げると、花弁が一層輝い
て見える　虫が花をめがけて飛んでくる。
虫はうまい　旨い　と羽を震わせながら密を
吸っている　花は私の目を楽しませてくれた
そして、自分の役目も果たしている
私も　人を楽しませ、心を温かくしたい
私の人生も　輝いて生きたいです

コバンコナスビ

# 第九節

其大旨《そのだいし》は、願《ねが》わくは我《われ》設《たと》い過去《かこ》の悪業《あくごう》多《おお》く重《かさ》なりて障道《しょうどう》の
因縁《いんねん》ありとも、仏道《ぶつどう》に因《よ》りて得道《とくどう》せりし諸仏諸祖《しょぶつしょそ》　我《われ》を愍《あわれ》みて
業累《ごうるい》を解脱《げだつ》せしめ、学道《がくどう》障《さわ》り無《な》からしめ、其《そ》の功徳法門《くどくほうもん》
普《あまね》く無尽法界《むじんほうかい》に充満弥綸《じゅうまんみりん》せらん、哀《あわ》れみを我《われ》に分布《ぶんぷ》すべし
仏祖《ぶっそ》の往昔《おうじゃく》は吾等《われら》なり
吾等《われら》が当来《とうらい》は仏祖《ぶっそ》ならん。

**九日目**

## 意訳

善業に目覚めて法門に入らせる一番の目的は、
誰しもが犯した過去の大小無量の良くない行いが、
私たちの人生に何らかの障害となっていても、仏道によって
人格を高潔にした諸仏諸祖の皆さんが私たちを大切に思って下
さり、積み重なる善くない行いから再度悪業を重ねないように
善行へ導いて下さり、善行を学ばせてくださり、
これからの人生を善導して下さるためなのです。
その功徳は法門として、限りなく拡がっていくでしょう。
どうか私に　あたたかいお心をおかけ下さいませ。
そうだ。お釈迦様も祖師方も　元来、皆同じ人間なのです。
私たちが法門という高貴な志に目覚めて日々を行えば
お釈迦様と同じ心の仏祖　人格者となるのです。
「そうだ　わかった・自覚　目覚め　Buddha」

太陽光に輝くヒメジョオン　糖尿病予防
食用可　ひたし　天ぷら　等

# 一緒に考えよう

お釈迦様のみ教えを信じ　学び　生活に生かすということは　自己の尊さに目覚め
例え　過去において　善くない行いがあって、人から信頼されないとか、嫌がらせがあっ
たとしても、お釈迦様から「命、人生の大切さ」を学んで、心から懺悔して　あなたの人
間性を磨いて、心に善意を受け止める受け皿ができたならば、心ある人格者から
あなたの罪を心の底から克服させ、信頼される人柄に導いてくださり、
そのために、社会の中で　善行を行えるようになるのです。
立ち直れた人として社会に貢献すれば　あなたの信頼は　ますます広がっていくのです。
私たち、皆が　正しい行い　善行への志を持てば
その心は　縦横無尽に広がっていくでしょう
お釈迦様も　文殊菩薩様も　ダルマ様も　皆　あなたと同じ人間なのです
あなたも私も　仏祖なのです。
人格者を目指しましょう

# いまを生きる

可愛い　何の花かしら
踏まれても　食べられても
私は　信念を以て
人生に　花を咲かせたい
人に知られなくともいい
自分の人生に
　誇りと自信と責任を持ちたい

イモカタバミ　　葉には消毒剤のシュウ酸、疲れをとるクエン酸が含まれており、大切な食糧だった
多食は禁物

# 第十節

我《が》昔《しゃく》 諸《しょ》造《ぞう》諸《しょ》悪《あく》業《ごう》　皆《かい》由《ゆう》無《む》始《し》貪《とん》瞋《じん》痴《ち》

従《じゅう》 身《しん》口《く》意《い》之《し》所《しょ》生《しょう》　一《いっ》切《さい》我《が》今《こん》皆《かい》懺《さん》悔《げ》

是《かく》の如《ごと》く懺悔《さんげ》すれば必《かなら》ず仏祖《ぶっそ》の冥助《みょうじょ》あるなり

信念身儀《しんねんしんぎ》　発露《ほつろ》 白佛《びゃくぶつ》すべし

発露《ほつろ》の力《ちから》　罪根《ざいこん》をして銷殞《しょういん》せしむるなり

十日目

意訳

「よく考えると　私は以前から多くの善くないことをしてきたなあ
それらは、知らない間に出てきた　貪り　怒り　愚かさが原因でした
それらは　身と口と未熟な心から　出てきていました
今、私は　それらの善くない行いの一切を懺悔致します」
このように懺悔すれば
必ず　お釈迦様と祖師方の不思議なお助けがありますよ
心の底から人格者になろうと　心を調え　身を調えましょう
そうすれば　何時しか心の底からの願い事が口から出てくるでしょう
知らず知らず　滲み出てくる力が
罪の根源を為している我欲を清め　鎮めてくれるでしょう
アケボノソウ　二つの密栓が朝日　曙の月　小さな点は星に見える

# 一緒に考えよう　貪《とん》とは

生きるっていうことは、命を奪うことですね。ここで、生物学的に考えてみましょう
貪《とん》　貪《むさぼ》るとは、人が生きるためには、外からのエネルギーを補充する必要があります。
食べられるものとそうでないもの。カロリーの多少　栄養素のバランスなどを身体が
求めるものを口にするのです。
生きるための能力と理解しましょう。
しかし、生活の場所　食べ物　お金　地位　名誉　異性　・・・などに欲が
出て来て、好きなものだけを多く摂りたいとするようになった。
適切　信頼　慈愛　人数・・・などを考えない　我欲だけが先行すること
そのことを「貪欲」と言います。

バランスが崩れると性格・人生までも崩れます。

# いまを生きる

「貪」

生きるために備わった大切な能力。
安全性　食　空間的　時間的
その他を見極めて、
生命をつなぐために
取り入れようとする能力
適切な分量は自他ともに仕合せ
お金も名誉も地位も
健康面も分量も仲間の事も考えて
適量を手にすること
超えると「貪り」になるのだよ

貪欲や邪念のない
爽やかな空気と青もみじ
そこは気持ちがいい　居心地がいい

## 一緒に考えよう　瞋《じん》とは

「生きるための能力」として、「貪瞋痴」があります。
生物学的に理解し、心からの納得をしてもらいたいものです。
ここでは、「瞋」について考えてみましょう。
シカがお墓に供えられたお花を食べに来ます。しかし、有毒な花や葉は食べません。
それは、匂いなどから、危険な食べ物と安全な食べ物を見分ける能力があるからです。
危険なものを排斥し　安全性の高いものを取り入れる能力
この排斥能力を「瞋」としてみてみましょう。
気嫌い　見るのも嫌　触るのも嫌　顔を見るのも嫌　姿も嫌…
人は、むやみに　人を排斥したり、いじめたりすることがあります。
見た目が恐ろしいと感じると　その人から、距離を取ろうとします。
実物の人格とは関係なく、そのような行動を取ると
自らの信用を無くするだけでなく、相手の人格をも傷つけてしまいます。
気をつけたいものですね。

# いまを生きる

「瞋」

危険から遠ざかりたい
安全な場所へ行きたい
有毒なもの　腐ったものを食べない
安全運転をする
けんかにならないように、折り合いをつける
人を傷つけないように気配りをする
恋人のように　寄り添って咲いているエビネラン
あまりにも魅力的な花
目立たないように　岩陰にひっそりと咲いている
しかし、足のある人間は見つけ次第、盗掘
今や海《え》老《び》根《ね》蘭《らん》は自然界から姿を消しかけている
絶滅危惧の危機に
身を守れるように　足をつけてやりたいね

キエビネ　エビネ　ラン科　日本原産

# 一緒に考えよう

## 痴《ち》とは

「痴」とは、「愚かな」という意味ですが、本来の漢字は「病ダレ」に「疑」を合わせた漢字であり、今日使っている「痴」は、俗字と言われるものです。

「貪」「瞋」に続いて、「痴」は、「よく考えない　熟慮しない　知識不足
仏陀の本当の願いを知らない」などの意味になるのです。

「欲張りすぎたり、激怒、怒り心頭、」
続いて、落ち着いて熟慮することを忘れると、本当に愚か者。

　ここで大切なのは、
熟慮、すなわち今起こっている現状を
「仏陀の願いから見る　熟慮してみる」と、解決の仕方や方向が見えてきます。
さあ、あなたも　仏陀の願いから　物事を判断し解決してみましょう。
素晴らしい解決方法が見えてくるでしょう

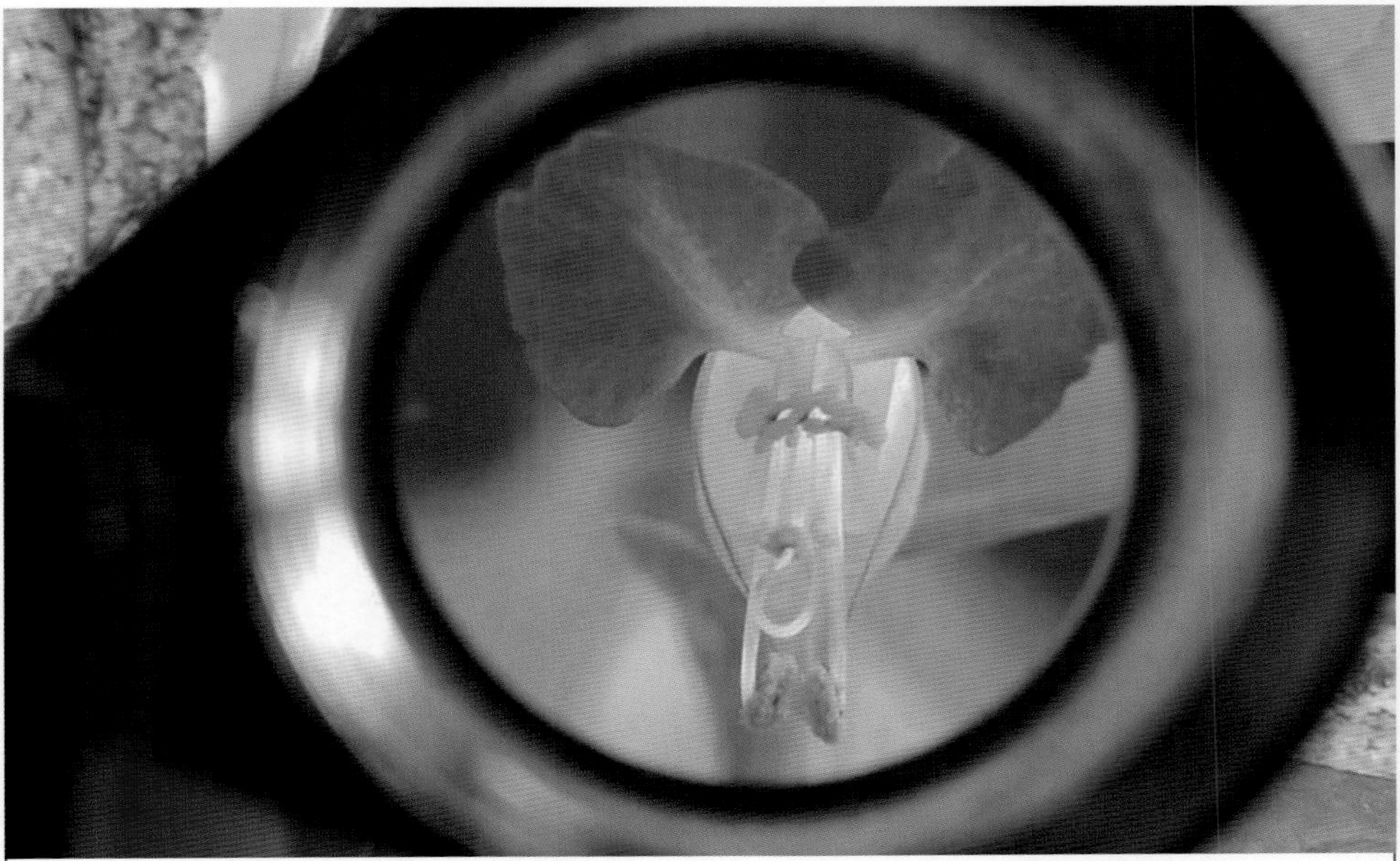

# いまを生きる

「痴」

夏休みの作品に　真っ赤に塗られた画用紙
「何？」
訳を児童に尋ねると　何と
神社の大鳥居の真ん前に立って見上げると
真っ赤な鳥居の柱だけで何も見えなかった
正直にそれを描いたら
真っ赤になったという
近くによってみるということは
ひび割れ　傷　シミ　材質などを
よく見る　観察するということ
この絵にそうした観察記録が描かれていると
素晴らしく良い作品になっただろうに

ルーペで覗いたツユクサ　よく見てみると、不思議な命の世界が見えてきます

# 第三章　受《じゅ》戒《かい》入《にゅう》位《い》

## 第十一節

次《つぎ》には深《ふか》く佛法僧《ぶっぽうそう》の三寶《さんぼう》を敬《うやま》い奉《たてまつ》るべし、
生《しょう》を易《か》え　身《み》を易《か》えても
三寶《さんぼう》を供養《くよう》し敬《うやま》い奉《たてまつ》らんことを願《ねご》うべし
西天東土《さいてんとうど》　佛祖《ぶっそ》正伝《しょうでん》するところは　恭敬《くぎょう》佛法僧《ぶっぽうそう》なり

十一日目

## 「戒に生きる」　願いに生きること

**意訳**

次には、深く「佛」最高の人格者、「法」その教え、真理、
「僧」　心を清めたいとする仲間、
　この三つの宝を心の底から大切にしましょう。たとえ、どの国、土地や場所であろうとも、どのような生き方をしていたとしても
三つの宝を心の底から大切にして生きようと、願いましょう。
西天（お釈迦様の聖地）、東土（中国や日本　世界各国）など、お釈迦様のみ教えが正しく伝わっているところは、何処も、
佛　最高の人格者を目指し
法　真理　最高の人格者の　み教えをよりどころとして
僧　心を清めたいと志を持った仲間を敬い大切にするということなのです。

ジンジャー　ショウガの仲間　香りがよく、ハワイではレイの中に組み込まれていることがある。

# 一緒に考えよう

「戒」に生きるとは、どのようなことでしょうか

新幹線を思い浮かべてください。あのように高速で突っ走る乗り物ですが、レールや地盤がしっかりしていなければ　安全も　快適さも　車両の持つ能力も十分に発揮することができないばかりか、大変な大事故さえ起こしかねないのです。

私たちも　人それぞれの能力を十二分に発揮するのには、その能力を最大限発揮できるように、能力の出し方　使い方　対応する人々との連携　これらが揃わなければ、立派な能力も　間違った方向へと曲がってしまいます。

「戒」を受ける受戒とは、それぞれの人が　その人の能力を最大限　正しく発揮するためにとても大切な修行なのです。

物理学者アインシュタイン曰く

「宗教を持たぬ科学は危険である」　ご自身が研究された「相対性理論」が、原子爆弾を開発、政策に悪用されてしまったことを　とても悔いて述べられた言葉なのです。

# いまを生きる

言葉は使い方によっては
　刃物より深く　人の心を傷つけてしまう

言葉の使い方として
　自らも　相手の人へも
　最高の人格者を目指して
　使っているだろうか
正しく理解し　学び　使っているだろうか
人々を幸せにすることを考えているだろうか
　よく見てみよう　考えてみよう

ルーペで覗いた萩の花　　エンドウ豆科植物と分かる。
よく、しっかりと観てみると新発見がたくさん。

# 第十二節

若《も》し薄福《はくふく》少徳《しょうとく》の衆生《しゅじょう》は三寶《さんぼう》の名字《みょうじ》猶《な》お聞《き》き奉《たてまつ》らざるなり
徒《いたずら》に所逼《しょひつ》を怖《おそれ》て山神《さんじん》鬼神《きじん》等《とう》に帰依《きえ》し、或《ある》いは外道《げどう》の制多《せいた》に帰《き》依《え》すること勿《なか》れ、彼《かれ》は其《そ》の帰依《きえ》に因《よ》りて衆苦《しゅく》を解脱《げだつ》すること無《な》し、早《はや》く佛法僧《ぶっぽうそう》の三寶《さんぼう》に帰依《きえ》し奉《たてまつ》りて衆苦《しゅく》を解脱《げだつ》するのみに非《あら》ず　菩提《ぼだい》を成就《じょうじゅ》すべし

## 十二日目

意訳

もし、幸せの充足感や徳が薄いと感じる人は、三宝の名前さえも目にも耳にすることがなかったでしょう。

そのうえ、三宝に帰依することなど、思いもしなかったでしょう。

盲目的に祟りを怖れて、山の神や非科学的な神や鬼を拝んだりまたは、むやみやたらに
非人道的な仏教以外の制圧を信じ、慄いてはいけません。

そのような人は、その盲目的な信仰で、人生の本当の苦しみである生老病死の苦しみや悩みを根本的に解決できないだけでなく、一層の経済的、生活の苦しみを背負いこむことになるでしょう。

少しでも、早く佛法僧の三宝をよく学んで理解し、行動することによって、いろいろな苦しみ、妄想を根本的に解決するだけでなく、思い切って　前進的に　心の充足感を得たいものですね。

マルバルコウソウ　ヒルガオ科　痔瘻　解熱剤の薬効
中南米原産　日本で秋に開花は　温暖化の証ですね

## 一緒に考えよう

いくら能力があっても　機会やチャンス、人とのつながりに恵まれないとなかなか　開花しないことがよくあります。

花の写真を撮影に行っても「昨日までが盛りだった」と、撮影のチャンスを逃すことがあります。朝早くからお目当ての開花や朝日が昇るのを待っているカメラマンがいます。

受け皿を持っているのと持たないのとでは、全く違った結果になります。

「薄福少徳」とは、チャンス　機会に恵まれなかったことが多いということです。

用意周到が大切なのですね。

それを顧みず、盲目的に邪悪な精霊宗教　天の神　山の神や地の神や川の神など、独善的な神信仰などに振り回されてはいけません。

本来の目的である、自己・人格の完成　自己能力の開発ということを大切にするべきです。

そうしないと、あなたの弱みにつけ込んだ大小の詐欺　詐欺まがいの団体に捕まってしまいます。衆苦から逃れられませんね。

それればかりか　人生そのものも　台無しになってしまいますよ。

# いまを生きる

ホタルブクロの花が魅力的なので、
朝早く起きて開花を待っていました処、
きれいに咲いた写真を撮ることができ
ました。夕刻には萎んでいました。
仏陀のみ教えは、人格の完成　常に
いかにあるべきか
「法」を大切にし、ご縁のある人たち
を大切にすることです。写真仲間と
いうご縁を大切に綺麗に咲いている所
時期　時間帯　撮り方等を教えて
貰えました。
そこには利害関係もありません。
笑顔が満ちています

ホタルブクロ　子どもがホタルを中に入れて遊んだ
ことから名づけられたというロマンチックな名前

# 第十三節

其《そ》の帰依三寶《きえさんぼう》とは正《まさ》に浄心《じょうしん》を専《もっぱ》らにして　或《ある》いは如来現在世《にょらいげんざいせ》にもあれ、或《ある》いは如来滅後《にょらいめつご》にもあれ　合掌《がっしょう》し低頭《ていず》して口《くち》に唱《とな》えて云《いわ》く　南無帰依佛《なむきえぶつ》　南無帰依法《なむきえほう》　南無帰依僧《なむきえそう》

佛《ほとけ》は是《こ》れ大師《だいし》なるが故《ゆえ》に帰依《きえ》す　法《ほう》は良薬《りょうやく》なるが故《ゆえ》に帰依《きえ》す

僧《そう》は勝友《しょうゆう》なるが故《ゆえ》に帰依《きえ》す　佛弟子《ぶつでし》となること必《かなら》ず三寶《さんぼう》に依《よ》る

何《いずれ》の戒《かい》を受《う》くるも必《かなら》ず三帰《さんき》を受《う》けて　其後諸戒《そののちしょかい》を受《う》くるなり

十三日目

意訳

三宝を心の底から信じるということは、正に心を正しくしようとする信心になりきり、お釈迦様がこの世におられる時でも、お釈迦様が亡くなられて、お目に掛かれなくなった今日でも、掌を合わせて頭を下げて、声に出して、お唱えしましょう。

「最高の人格者お釈迦様を頼りに　真実の教えを拠り所に　人格の向上を願う善き仲間を拠り所といたします。

仏陀とは偉大な導き手なので拠り所とします。

み教えは　心身の良薬なので拠り所といたします

志のある仲間と指導者は　大切な友人だから拠り所とします」と。

仏陀の弟子となるということは、必ずこの三寶に帰依することから成り立ちます、国や時代が違っても三寶を拠り所とすることを誓ってから、その後に　多くの心身の良薬としての戒を受けます。

アカカタバミ　繁殖力が強く葉にはクエン酸・シュウ酸を持つ。

疲労回復　消毒剤の薬効　食用も可　多食は避ける。

# 一緒に考えよう

いろいろな団体の開会式に　その会の趣旨や目的を朗読することがあります。

それは、その団体の存在目的が　ややもすれば見失われることがあったり、目的以外に方向がずれることを防ぐためですね。

仏陀のみ教えは、一人一人の人生が掛け替えのない大切なものであることを自他ともに自覚することです。ですから、仏法僧の三宝の大切さを常に確認し、自覚する為に、お唱えすることが大切なのです。

帰依佛　私は　進んで人格の向上のために精進します
帰依法　私は　進んで大自然の法則　因果の法則　心理的　科学的な法を大切にします
帰依僧　私は　進んで人格の向上を願う良き仲間を　大切に致します
これらの仏法僧の三宝を大切にしているだろうか
大切にさせて戴こうと精進することを改めて自覚することが大切なのです

# いまを生きる

山深い山村へ行きました。そこは、薬師如来を大切にされている地域で集落のあちこちに薬師堂がありました
住民の皆さんは
「みんな正直です　お薬師さんがご覧になっています
ので　自分だけが良い目をしようとはしません」
「自然の薬草や身体に良いと言われている木の実を
日常的に　お茶にしたり、おかずにしたりしています」
「不便な所なので、お互い助け合い支え合っています」
薬師如来信仰は薬学と共に古来　中国などから輸入
されていることが判明しました
見守られ　裏切らない
助け合う素晴らしい住民の方々

ジャケツイバラ　原産国　中国　解熱剤として

# 第十四節　一

此《この》帰依《きえ》仏法僧《ぶっぽうそう》の功徳《くどく》　必《かなら》ず感応道交《かんのうどうこう》するとき成就《じょうじゅ》するなり、
設《たと》い天上人間地獄鬼畜《てんじょうにんげんじごくきちく》なりと雖《いえど》も、
感応道交《かんのうどうこう》すれば必《かなら》ず帰依《きえ》し奉《たてまつ》るなり、
已《すで》に帰依《きえ》し奉《たてまつ》るが如《ごと》きは　生生世世在在処処《しょうしょうせせざいざいしょしょ》に増長《ぞうちょう》し、
必《かなら》ず積功塁徳《しゃっくるいとく》し、　阿耨多羅三藐三菩提《あのくたらさんみゃくさんぼだい》を成就《じょうじゅ》するなり、

十四日目

意訳

自ら進んで　相手の事もよく考えて　仏（最高の人格者）
法（人格者になるための教え）
僧（真剣に人格者になろうと精進している人たち）の三宝を
心の底から大切にして邪念なく行動するならば、その気持ちや
行動は必ず実りを得るでしょう。
その相手が　天上界であろうとも　人間社会であろうとも地獄
鬼畜のような世界であろうとも　あなたの善意に満た気持ちを
理解し信頼してくれるでしょう。犬や猫、馬や牛　羊　ヘビや
蜂たちも危害を加えない　あなたを信頼してくれます。
　真心が行きかうならば　お互いを思い合うことができます。
邪念のない思いやりの心が通じ合えば、あなたが生きるどの
社会においても、どの場所であっても、あなたの思いや願いは
大きく膨らみ、　　　　功徳を積むことができます。
　功徳を積み合う幸せな社会が実現するでしょう。

アジサイ　花を日干し乾燥させて解熱剤としての薬効
　　雨に良く似合う花

# 一緒に考えよう

人格の完成　正しい考え方　人々を大切にする　此の道理が分かり合え　心が通じ合えれば、天上の神　民族や国家を超えた人間社会　地獄や鬼のような社会であっても理解し合うことができるのです。

共に、幸せに向かって　地球上の生命の尊厳　大自然のお陰で生きさせてもらっていること　人類文化を尊重することの大切さを理解し合えるのです。

そうすれば、仏陀の　み教えの大切さがわかるでしょう。

分かり合い、お互いに　自己利益にこだわらず　支え合うことの意義や功徳を実践すれば　この世に　この世のお悟りの世界　極楽の世界を実現できるでしょう

一枚の肌着　一粒のご飯も　自分では何もできません。

総て　天地自然　国家　民族を超えてのおかげさまがあってのことなのです。

# いまを生きる

「人に勉強を教えてあげたら　損だよ。
彼の成績が良くなれば、
彼が合格して
君が受験に失敗するかも

情けない！

友人が完全に理解できるように教えることは、
自分自身の理解が完璧になること
人間関係が一層深く　良くなる
生涯の友人に成れる
大きな功徳になるのです

ノビル　ユリ科　虫刺されの　かゆみ止め

# 第十四節　二

知《しる》べし　三帰《さんき》の功徳《くどく》

其《そ》れ最尊最上《さいそんさいじょう》甚深《じんじん》不可思議《ふかしぎ》なりということ

世尊《せそん》　已《すで》に証明《しょうみょう》しまします、衆生《しゅじょう》正《まさ》に信受《しんじゅ》すべし

## 十四日目

## 意訳

よくよく考えてくださいね。

より高い人格を目指す人が　真理、因果の法則、心理などをより一層大切にするとき、その功徳は　天上よりも高く　海よりも深く、
その心は不思議にも通じるものです。

お釈迦様は　そのことを見極めておられるのです。

ですから、私たちは　そのことを心から信じましょう。

※「信心」は　眞の心　心を清める　の意味
※ペットの犬も猫たちも　飼い主の顔を見て行動しますね。
飼い主や家族の心を見抜いているのでしょう
※偶然はない。全てのものには、必ず　原因　変化の過程（縁）
結果があるのです。迷信は因縁果の法則を否定します
※無いものを在ると信じさせる科学的でない信仰は盲目なのです

# 一緒に考えよう

このようにして　仏法僧の三宝を大切にし　大切に敬い　心を込めて
日々を実践することの大切さがわかりましたか。
この仏法僧の三宝を大切に実践すると
世の中は本当に　安全　安心　笑顔　積極的に前進していきます

ある業者が　お釈迦様に尋ねました
お釈迦様　私の村に　同じ商品を売る店があります。
あの店が潰れて私どもだけで商売したら　もっと儲かります。
欲深き者よ　共に栄えることを考えなさい
お前の店の長所を見つけて伸ばしなさい。
売る者　買うもの　皆とともに世間が良くなること
三輪空寂　共に　総てがうまく回転するところに
幸せの回転社会があると教えられました。

# いまを生きる

心から安心　安全　笑顔になると　私たちの脳
は積極的に活動します。
「私なあ　もう八十歳ですねん。いつお迎えが
来てもおかしいことないです。」と、しょんぼり。
お孫さんが　横から　大きな声で
「お祖母ちゃん　何言うてるの　私の結婚式
出てや」
お祖母ちゃん　急に笑顔
「出る　出る　後、十年かな？」
「二十五まで　後　十五年や」
「がんばるわ」
皆が笑顔　大笑い　お祖母ちゃんは　その後、
孫の結婚式に出ないといけませんので」と
健康づくりに毎日　頑張っておられます

未来にむかって　羽ばたく　ジンジャーの花

# 第十五節 一

次《つぎ》には応《まさ》に三聚浄戒《さんじゅじょうかい》を受《う》け奉《たてまつ》るべし

第一《だいいち》　摂律儀戒《しょうりつぎかい》

第二《だいに》　摂善法戒《しょうぜんぼうかい》

第三《だいさん》　摂衆生戒《しょうしゅじょうかい》なり

十五日目

意訳

三帰戒を理解し　学んで、行動に移せるようになったならば
次には　三聚浄戒を学びましょう

第一　摂律儀戒　悪いことを為さず　約束事を守りましょう
自然の動植物　人々　大地自然に対して
悪いことをしないように心がけましょう

第二　摂善法戒　自ら進んで　善いことを致しましょう
自然を愛し、空風火水地　動植物を大切にしましょう

第三　摂衆生戒　自ら進んで皆の為になる善い行いをしましょう
人々　みんなの為になる善業を一つでも行いましょう
慈悲行　物心にわたる利行　座席を譲る
愛語という思いやりの声掛けをしましょう

「挨拶は心察」

# 一緒に考えよう

三帰戒を理解し実践しようと　心がけができたならば、次には三聚浄戒を勉強しましょう
この三聚浄戒は　三つの清らかな願いと行いなのです。
まず最初に　自ら進んで　世の中の約束事を守り、悪いことは致しません
・自然を破壊する行為や動植物を絶滅させたり　人間のわがままな愚行をしないこと
小学校の校門付近で　ミツバチが分蜂しました時、すべてを殺してしまいました。
ミツバチとうまく付き合うことを児童たちと考え、教えるべきでしたね
・二つ目には　自ら進んで　善い行いを致します
「お釈迦様　悪いことをしないようにするには　どうすればよろしいか」
「善いことをどんどんしなさい　悪いことをする暇がないように」
・三つ目には　自ら進んで　皆の為　社会のためになることをしなさい
「目の前の人だけではなく、たくさんの人の為になることをするのだよ。
橋を掛けたり、渡し船を渡したり、道をつけたり、産業を起こして
人を雇用し　社会全体を潤わすことも大切なことだよ」
善き政治をすることも　志しボランティア活動も・・・ですね

# いまを生きる

親子で人生相談に来ていた人が、
「お世話になりました。また、相談に
のってくださいね。
頂いたお茶が本当に美味しかったです。
このお茶の味は忘れません」
問題が解決したときのお茶の味は
格別だったのでしょう

チャノキの花　中国原産
奈良　平安時代には　薬用としてわずかに寺院で栽培さ
れていた。鎌倉時代に栄西が茶經と種子を持ち帰り、栽
培が盛んになった。
風邪、頭痛　下痢止め　利尿　等　効能多し

# 第十五節　二

次《つぎ》には応《まさ》に十重禁戒《じゅうじゅうきんかい》を受《う》け奉《たてまつ》るべし

第一不殺生戒《だいいちふせっしょうかい》

第二不偸盗戒《だいにふちゅうとうかい》

第三不邪婬戒《だいさんふじゃいんかい》

第四不妄語戒《だいしふもうごかい》

第五不酤酒戒《だいごふこしゅかい》

第六不説過戒《だいろくふせつかかい》

第七不自讃毀佗戒《だいしちふじさんきたかい》

第八不慳法財戒《だいはちふけんほうざいかい》

第九不瞋恚戒《だいくふしんいかい》

第十不謗三法戒《だいじゅうふぼうさんぼうかい》なり

十六日目

次には　十の特にしてはならない重い「戒」を学びましょう

意訳

第一不殺生戒　生けとし生けるもの、動植物も食べ物も物品も大切な機会も大切に生かし切りしましょう

第二不偸盗戒　物だけでなく、身も心も盗んではならない

第三不邪婬戒　淫らな性欲を慎み　男女の人権を大切にしよう

第四不妄語戒　迷信や嘘を盲目的に信じないようにしよう

第五不酤酒戒　迷いの思想や酒に溺れ生業を怠らないようにしよう

第六不説過戒　嘘、偽り、迷いの思想を言わないようにしよう

第七不自讃毀　自分の自慢をし過ぎて他人を蔑ろにしないようにね

第八不慳法財戒　誤った方法や良くない金品を手に入れないように

第九不瞋恚戒　激しく怒り　自分を見失わないようにしよう

第十不謗三法戒　お釈迦様のみ教えを捻じ曲げたり、誹らないこと

# 一緒に考えよう　二一

第一不殺生戒《ふせっしょう》　命、真心を生かすこと

四月　学校給食が始まったその日の夕方、一人の保護者が学校へ怒鳴り込んだ。

「金を払ってるのに　何故　いただきます　言わせるのじゃ。食う権利があるのじゃ」

学校長は

「食べ物を食べるということは皆、牛、豚、魚、野菜たちの命を取ることなのです。

調理をしてくださっている調理師さん　お野菜を作ってくださっている農家の方、いろいろな方々のお心に「ありがとうございます。」という感謝の気持ちを表して

「真心を戴きます。命を戴きます」と言うのです。

先生の適切なご指導に　それ以上のことを言わずに帰っていきました。

この保護者は、このことに困って　良い勉強の機会を得ましたね。

動植物だけでなく　道具でも　衣服でも　最後まで生かして使いきる

「もったいない」文化は　世界に誇る文化として、国連でも取り上げられました。

「SDGs」は正に　日本が大切にしてきた「もったいない文化」なのです。

# 一緒に考えよう　二－二

第二不《ふ》偸盗《ちゅうとう》戒　わがままな欲をもって　手に入れてはいけません

バス停に茶色の封筒が落ちていた。見ると中に　千円札が五枚入っていました。
それを拾った女性がふと
「誰も見ていないし　もらっておこう」と、
ハンドバッグに入れましたが、何だか後ろめたい思いになって、近くの交番へ届けました。
三ケ月が経って　警察へ行くと　あの封筒を出してもらえました。
その封筒を、堂々とハンドバッグに入れて帰りましたが、翌日、シュウクリームを買い
求め、会社へもっていき、其の理由を皆に話して　みんなで　笑顔で味わったとのこと。
彼女は　それから　会社の中でも信頼を得て、仕事も順調
係長にも早く昇進。

それは　犯罪者意識
黙っていたら良い　見つからなきゃよい　言われなければそれでよい

# 一緒に考えよう　二一三

第三不邪婬《ふじゃいん》戒　　間違った愛欲に溺れない
男女お互いを敬い　人権を侵してはならない
動物などとの邪婬を侵してはいけない
子供に対する邪婬　盗撮　・・・してはならない

小学五年生の男子生徒の母親が不倫。その現場を相手の男性が写メに納めていた。
　母親のスマホに入ってきたライン　何気なく開けてみると　母親の不倫の現場写真
その男の子は　ショックで立ち上がれず、勉強も手に付かず
大きく人生を狂わせてしまいました。

同級生の父親が　他人の子供の水着への着替えの姿を盗撮。
そのことが　新聞報道され、その人の子供が学校へ行けなくなった。
「お前の親父　恥ずかしいことしたんやなあ」と。

# 一緒に考えよう　二一四

第四不妄語戒《ふもうご》　嘘・偽りを言わない

社会生活の基本は　嘘を言わないことですね。
嘘偽りの上に立った人生は　いつも嘘の上塗りをしていなければなりません。
嘘偽りによって　助かる人の命が奪われたこともあります。
残念です。
嘘偽りは　人を貶《おとし》めることになります。

先祖の祟りを以て　狂言　脅してお金を巻き上げる脅迫・恐喝・詐欺行為
「詐欺」は、嘘偽り行為の典型的な悪業《あくごう》　悪行《あくぎょう》　です。
　正直に　胸を張って
笑顔で生き生きと　生きたいものですね。

# 一緒に考えよう　二一五

第五不酤《ふこしゅ》酒戒　酒に溺れて人格の向上を忘れ、生業を怠るな

「お釈迦様　私は毎日頑張って働いています。仕事が終わって家族や友人たちと楽しく
お酒を飲むのが、本当に楽しく、愉快です。
決して、人を不愉快にしたり、明日の仕事を怠ったりいたしません。
それでも　お酒を飲んではいけないのですか」

「そのようなお酒をどうして飲んではいけないのか。
私は酒の持つ魔力に浸って、正しく判断ができなくなったり、
家族を路頭に迷わせたり、
悪友に振り回されたり、
迷いの思想に溺れて、無明となっては　いけないと言っているのだよ」

# 一緒に考えよう　二ー六

第六不説過戒《ふせつかかい》　他人の過ちを責め立ててはいけない

会社の業務で　遠くまで集金に行った会社員。
何故　集金に？
集金に行って　人間関係を構築し　営業も併せて行う　というのです
帰りの電車の中で疲れて熟睡　下車した時には　大金の入ったカバンを紛失。
会社の上司からは、厳しく叱責
会社からの帰りには　電車に飛び込み自殺
この上司も　依頼退職。
このカバンは　後日、駅に届けられ、現金は無事だったのです。
人の過ちを責め立てると　予期せぬ不幸ごとが起きることがあるのです

# 一緒に考えよう　二一七

第七不自讃毀侘戒《ふじさんきたかい》　自賛しすぎて　他人を無能扱いして傷つけてはいけない

「俺は、これまで、夜も　ろくろく寝ないで、負けるものか　見返してやるぞ・・と頑張って来たんだ。お前のやってることは、俺の万分の一にも満たないぞ」

「先輩！　私は、私のどこをどのようにすれば　認められるのでしょうか。そこを教えてください」

「そんなもの　自分で探せ　それもできないのか。ほんまに役立たず」

その後、約一ケ月ほどで、会社の看板を見ると強い頭痛と吐き気が起こるようになり、休職。さらに退職。

その先輩も　パワーハラスメントにより、引責退職となったのです

「天《てん》に向《む》かって唾《つば》をはき　風《かぜ》に向《む》かって灰《はい》を投《とう》ずれば、返《かえ》ってその身《み》を扮《けが》すが如《ごと》し」

延命地蔵菩薩經

# 一緒に考えよう　二一八

第八不慳法財戒《ふけんほうざいかい》　不法な方法で財を求めたり、物心の布施を惜しんではならない

大震災などの地変が起こった時に、温かくもボランティア活動が行われます。
食料、衣服、寝具の提供　土砂の撤去など、数々の活動に心が打たれます。
しかし、物品提供に壊れて使えない石油ストーブなどを提供品として出した人があり、
現場のボランティアの人が困っていました。
また、農家にお願いして、新米のお米を一升ずつお願いしたところ、たくさんのお米が
集まりました。しかし、一人だけ
「被災者が　新米を食うなんて贅沢だ。だから、俺は出さなかった」と、
情けない言葉を口にした人がいました。
この世は、仏縁　仏心　仏道よって成り立っていることを　大切に認識しましょう。
仏縁　仏心　仏道のあるところにおいて
身も心も物も　すべてが　生かされ活されるのです

# 一緒に考えよう　二－九

## 第九不瞋恚戒《ふしんいかい》　激しい怒りで　己を見失ってはいけない

怒りは、生産性を無くし　あらゆる破壊を生み出します。

同じことでも　相手によって腹が立ったり、激怒したり、いろいろですね。

その時の虫の居所によって　笑って過ごせたり、自分でも制御できないほど興奮して
しまいますね。

そして、激しい怒りは　まず自分自身の心と身体を壊してしまいます。

人間関係を壊し、信頼関係を破壊し、周囲の人を不快に陥れ、
その場から逃避させてしまいます。

大切なことは、激しい怒りは　自分自身の至らなさ　煩悩によって起こるのです。

前頭葉に　しっかり働いてもらいましょう。

前頭葉は、一番新しい悩ですから、教育をしなければ、能力・悩力を発揮できませんよ。

# 一緒に考えよう　二十

第十不謗三寶戒《ふほうさんぼうかい》　人格を向上させる
　尊い真理を学ぶ
　己と相手と人々が共に仕合せになる
これらのことをしっかり学ばず　大切にしないで、仏法を謗ってはならない
以上、十重禁戒のお話をしてまいりましたが、あくまでも　ご自身で　よく理解し
心得て　実践することが大切なのです

「子は親の背中を見て育ち、孫は祖父母の笑顔を見て心を育てる」

お父さんありがとう　お母さんありがとう
お祖父ちゃんありがとう　お祖母ちゃんありがとう

# 第十五節　三

上来《じょうらい》三帰《さんき》、三聚浄戒《さんじゅじょうかい》、十重禁戒《じゅうじゅうきんかい》

是《こ》れ　諸仏《しょぶつ》の受持《じゅじ》したもうところなり。

十五日目

意訳

今まで説明してきたところの
三帰戒　三聚浄戒　十重禁戒　これらの十六条戒は
人格を整え　高い人格者になろうと心を整えた人たちは
これらのすべてをよく理解し　大切に身に着けてきたのです。
ですから、物事を正しく観察し　なぜかを見極め、
自らの行動をよく考えることです。
人格を高めた人は、これらのことを常に大切にしているのです。
職場にいる時も　得意先にいる時も　家庭にいる時も　ママ友や
同級生といる時も　常に大切にしていましょう。

『恨みは　恨みによって　恨みを解決することはあり得ない』
By　Buddha

# 一緒に考えよう

仏法の目的である三宝に帰依することの大切さ
心を清らかにするための行いとしての三聚浄戒
重要で大切な慎みであり、自らしてはならない　人にさせてはならない十重禁戒
これらは　最高の人格者となるために　絶対必要な条件であります。
諸仏としての佛様方　正しく仏法をお伝えくださった歴代のお祖師様方が、
よく理解し　修行し　多くの人々にご指導され　自ら実践されてきたのです。

道元禅師様がお示し下され、瑩山禅師様が全国にお弘め下さった正法や生活習慣は
今も日本人の生活習慣や職人気質　商売人気質　日本人気質として根付いているだけでなく、世界でも日本人の素晴らしさとして　取り入れられています。
正直　勤勉　真面目　親切　律儀　これからも大切にして生きて行きたい心がけですね。
ここに生きているあなた！　誇り　自信　責任　をもって前進しましょう。

# いまを生きる

志あるもの　この指たかれ
ボランティアは　日本が見本

ボランティアという言葉が聞かれるよう
なったのは　昭和四〇年ごろから。
しかし、「タダ働き」という意味として
捉えていることが多いのです。

明治時代にイギリスの宣教師が日本の
すばらしさに感動して、直ちに帰国。
　専門的な技能や知識を持っている人で、
高貴な志を持っている人を集めて、
復旧復興活動や人道活動に奉仕する人を
集めたのが始まりであり、
わが日本が見本であったのです。

# 第十六節

受戒《じゅかい》するが如《ごと》きは、三世《さんぜ》の諸仏《しょぶつ》の所証《しょしょう》なる阿耨多羅三藐《あのくたらさんみゃく》三菩提《さんぼだい》
金剛不壊《こんごうふえ》の仏果《ぶっか》を証《しょう》するなり　誰《たれ》の智人《ちにん》か欣求《ごんぐ》せざらん、
世尊明《せそんあき》らかに一切衆生《いっさいしゅじょう》の為《ため》に示《しめ》しまします、
衆生仏戒《しゅじょうぶっかい》を受《う》くればすなわち諸仏《しょぶつ》の位《くらい》に入《い》る
位大覚《くらいだいがく》に同《おなじ》うし已《おわ》る、真《まこと》にこれ諸仏《しょぶつ》の子《みこ》なりと。

十六日目

意訳

十六条の仏戒を正しく理解すると、
過去、現在、未来という三世の多くの悟りを得た人格者と
同等の証となり、心の安住を得たならば、心は揺らぎません。
誰かの為にとかではなく、すべての人が幸せであることを願って
導くことができるでしょう。
そのことを世尊　お釈迦様はお示しになられました。
皆さん誰でもが　仏戒を受けて正しく理解し　実践するならば、
人格者となることができます。
上下　年齢　性差　貧富　人種　などを超えて　皆　正しい
平等になります。
まことに　これが諸仏に見守られているあなたなのです。
掛け替えのないあなた自身を大切にして
邪念のない尊いあなたとして　今ここに存在しているのです。

# 一緒に考えよう

「和尚さん　クスン　クスン」　一月二十日　お昼過ぎの事
少し泣きそうな声でお寺の玄関口へ立った中学生三年生
「どうしたの　中へお入りなさい」
進学かな　恋愛かな？・・・卒業を控えての悩み事・・・何かな？
「私・・・高等専門学校へ行きたいの・・・でも、先生が受からないから受験するなって
言われるの・・・ぼく・・・他の高校行きたくないの・・・
どうしたら良いのかわからない・・・」クスン
「あなたの曽祖父ちゃんは　どうなさったか知っていますか」
「はい　フィリッピンで戦死しています」
「そうだね　そのお嫁さんの曽祖母ちゃんは、一人であなたのお祖父ちゃんを出産して、
昼間は　赤ちゃんを背中におんぶして畑仕事。山で薪を背中に背負うときは前に抱っこし
て　病気にしない　怪我をさせたら　戦死した曽祖父ちゃんに申訳がないと
頑張ってこられたのだね。

あなたの　この身体の頭の髪の毛の先から　足の爪先まで
その曾祖母ちゃんの頑張れるＤＮＡ　を受け継いでいるの　わかるかな？」
「はい　わかります」
「あなたは　曾祖母ちゃんの頑張り屋さんの力を貰っているのだよ
では、あと、一ケ月　必死になって勉強してみないか　先生を見返してごらんなさい」
笑顔がうっすら浮かんだ。その顔には　少しずつ　前を見ようという
決意が出始めて来た。
その時、私は「過去、現在、未来」の三世の力を確認しました。

その中学生は　頑張れる力を　両親から　祖父母から　曽祖父母から
もっと前のご祖先から貰っているのだということに自信を持ちました。
見事　合格　　三月　桜の花咲く　朗報
曽祖父ちゃんは「ひいじいちゃん」
曾祖母ちゃんは「ひいばあちゃん」と読んでくださいね。

# 第十七節

諸仏《しょぶつ》の常《つね》に此中《このなか》に住持《じゅうじ》たる、各各《かっかく》の方面《ほうめん》に知覚《ちかく》を遺《のこ》さず、群生《ぐんじょう》の長《とこしな》えに此中《このなか》に使用《しよう》する各各《かっかく》の知覚《ちかく》に方面《ほうめん》露《あらわ》れず是時《このとき》十方法界《じっぽうほっかい》の土地《とち》草木《そうもく》牆壁《しょうへき》瓦礫《がりゃく》皆仏事《みなぶつじ》を作《な》すを以《もっ》て、其起《そのおこ》す所《ところ》の風水《ふうすい》の利益《りやく》に預《あずか》る輩《ともがら》、皆甚妙不可思議《みなじんみょうふかしぎ》の仏化《ぶっけ》に冥《みょう》資《し》せられて親《ちか》き悟《さと》りを顕《あら》わす、是《これ》を無為《むい》の功徳《くどく》とす

是《これ》を無作《むさ》の功徳《くどく》とす　是《こ》れ発菩提心《ほつぼだいしん》なり

十七日目

意訳

最高の人格者になろうと心がけてきた人は、心の平安を得ているので、どのような場面に出くわしても、何事も邪念の心で受け取らず、心清らかに受け止めることができるのです。

いろいろな環境の生き方の人たちも、末永く心安らかに　正直に生きて　その清浄心を日日の総てに活かすならば、汚れた邪念、欲深い邪心は出て来ないものです。

このような時、仏陀の御心が行き渡っている社会は、土地　草木垣根、瓦や石ころに至るまで　それぞれがそのものらしく生き生きと生きているのです。それらの働きとしての恩恵　大自然の風水などの恩恵を知らず知らずのうちに受けているのは人類だけでなく、動植物すべての生き物も　不思議に安心して真理の道を歩んでいるのです。それを純真な功徳　ご利益というのです。我欲な思慮や作為的なものでないから　ありがたさが一層　心に沁み込むのです。

だからこそ　心の平安を一層高めたいと志すことができるのです。

ニワフジ　マメ科の植物　庭に植えられる

# 一緒に考えよう　大自然が仏事を為す

常に前向きになって　人々の幸せを願って　考えたり、行動したりしている人は、
その心がけに安住しているので、いろいろな価値観に振り回されないのです。
大工さんが昼休みに　小さな木の切れ端を使って、トラックのおもちゃを作って、近所の
子供さんにプレゼント。木の香り豊かなおもちゃは　寝る時も離さず　大切なおもちゃとな
りました。次はバス　ジープ・・・。その大工さんの事が大好きになったその子は
次々と注文　今では一級建築士となって建築に携わっています。
普通、木切れは、ごみとして焼却されるのですが、一人の人生を活かしたのですね。
天地自然の法則は　私たちが仏心を持ち、その佛心で扱い　その佛心で見ると　すべてが
宝物になるのですね。
大自然のものを仏心で見ると、それは本当に素晴らしい命なのです。
尊い価値を持っているのです。
私たちは　知らず知らずの内に　御利益を戴いているのです。
そのことに気づくと
さらに人々の為　社会の為に働くことを喜びとすることができるのです。

# いまを生きる

「車庫を建てます。このモミジの木は邪魔に
なりますので、切り倒します。」
「では、お寺へ戴きましょう。」と、
直径十㎝ほどの木を掘り起こしてお寺へ移植。
その時、株の近くにあったオウレンの一株
お寺で今　嬉しそうに生きています。
私たちは　大自然の全てのお陰で生きています。
そのことをしっかりと受け止めたいものですね。

オウレン　国産のオウレンは中国や朝鮮のものより薬効が優れ
　ているので、輸出されました。
　下痢止め　中風　整腸剤としての薬効

# 第四章　発願《ほつがん》利生《りしょう》

## 第十八節

菩提心《ぼだいしん》を発《おこ》すというは、己《おの》れ未《いま》だ度《わた》らざる前さきに一切衆生《いっさいしゅじょう》を
度《わた》さんと発願《ほつがん》し営《いとな》むなり、設《たと》い在家《ざいけ》にもあれ、出家《しゅっけ》にもあれ、
或《あるい》は天上《てんじょう》にもあれ、或《あるい》は人間《にんげん》にもあれ、苦《く》にありというとも
楽《らく》にありというとも、早《はや》く自未得度先度佗《じみとくどせんどた》の心《こころ》を発《おこ》すべし

十八日目

意訳

人格をより高くして　心の平安を得ようとする事は
たとえ自分自身が人格の完成に近づいていなくとも、
人々の幸せのために尽くそうと積極的で　温かな願いを持ち、
行動を起こすことなのです。
世俗の世の中に居ようと、専門的な修行中であろうとも
或いは天上界に居ようとも　人間社会に居ようとも
行き先の見えない苦難の世の中に居ようとも、
恵まれた安楽な暮らしの中であろうとも、
そのようなことは関係なく　早く　まず先に
人々が　幸せになってほしいとの尊い願いを起こすことが
大切なのです。
「福祉」とは、仕合せが長く止まっていてほしいという人類
共通の願いなのです。
霧島つつじ　『大』の字になっている花

# 一緒に考えよう

「自分の事が出来ていないのに　人の事を構うな　生意気だぞ」

このような人を引きずり落とすような会話を聞いたことがあります。

学校で遊んでいた児童が、窓ガラスを割ったことがあります。

A先生は　ガラスを割った男の児童たちには
「怪我はないか」と、優しく一人一人を見つめました。

そして、割れたガラスの廃棄方法を指示し、倉庫の割れたガラスの入れ箱へ案内しました。

児童たちは、A先生に
「先生すみません。これから気を付けます。ごめんなさい」

大声で叱られると覚悟していた児童たちは　心からの心配をしてくださった先生に
人生の心の在り方を学んだのでしょう。

心からの謝罪と再発防止を心に決めたのでしょう。

# いまを生きる

児童たちは、先生の言動をよく見聞きしています。
そして、自分が困ったとき、失敗したときに
対応して下さった先生の言動を能く覚えています。
その言動を自分が面した事象の時に、
うまく活用しています。
大人であれ、子供であれ
老若男女を問わず
感動した対応を覚えていて、
人を善導し
事柄をうまく解決に導くことができます。
仮に天上界にいる人であれ、
人の社会（人間）であろうとも
恵まれた立場の人であろうとも
戦争や内戦のような苦難の社会にいようとも
皆とともに　仕合せに　安全安心に暮らそうと
高い願いを持つことが　大切です。

ムクゲ　どの花も平和に安心して満開です

# 第十九節

其《そ》の形《かたち》陋《いや》しというとも、
此心《このこころ》を発《おこ》せば、已《すで》に一切衆生《いっさいしゅじょう》の導師《どうし》なり
設《たと》い七歳《しちさい》の女流《にょりゅう》なりとも即《すなわ》ち四衆《ししゅ》の導師《どうし》なり、
衆生《しゅじょう》の慈父《じふ》なり　男女《なんにょ》を論《ろん》ずること勿《なか》れ、
此《こ》れ佛道極妙《ぶつどうごくみょう》の法則《ほうそく》なり

十九日目

意訳

その人の姿　形や境遇が　たとえ見すぼらしくても、
人の心の痛みを知り、人々を幸せにしたいという尊い心を起こせば　その時点で　すべての人々の善き導き手となるのです。
それが、男性の仏教僧　女性の仏教尼僧
男性の仏教信者　女性の仏教信者
たとえ七歳の幼い少女であっても、人々に対する思いやりを持てば　慈悲深い父親と同じなのです。人々の導き手なのです。
男であるとか　女でなければとかの
つまらない議論や偏見をすべきではありません。
これは　仏の道を行う者が常に心得なければならない
極めて素晴らしい定めなのです

ヒルサキツキミソウ　アカバナ科　朝開花して昼に満開となる

# 一緒に考えよう

私たちは　外見だけで判断することが多いのですね。外見もまた大切です。
親族の結婚式に　穴の開いたジーパンにティーシャツ姿の青年が来たと聞いたことがありました。同席の友人から「その姿はないで」と言われ、『平服で』と書いてあったので、これが俺の平服や　何が悪いのや！」と式場で大声を張り上げたというのです。

人の心の痛み　悩み　仕合せにしたいという尊い心、即ち、菩提心を起こせば、貧富の差　老若男女などは関係なく、みんなの尊い導き手なのです。
その場にふさわしい言葉　服装　立ち振る舞い　などがあります。
自我を押し通して　周りの人を不幸　不愉快　不機嫌にして良い筈はありません。
常に　人々を幸せにしたいとの　崇高な願いを持って行動することが大切です。
男のくせに　女のくせに　子供のくせに　年寄りのくせに　貧乏人のくせにちびのくせに・・・このような卑劣な言動はあってはなりません。
お釈迦様は　女性の出家が認められなかった時代に　女性の出家を認められました。
男女を論ずること勿れ、これ仏道極妙の法則なり　大切にしたいみ教えですね。

# いまを生きる

この世に生まれてきた人たち
この世に生を受けた昆虫たち
この世に生えてきた植物たち
肌の色　人種
可愛い虫　蜂　蛇やマムシ　魚たち
薬草や毒のある山野草たち
皆ともに必要だから　この世に生まれてきたのです
うまく付き合うことが　大切なのです
玄関の真上にスズメバチの巣
誰しもが　すぐに退治をして！と
でも、お互い信頼関係になれば、危害はないのです。
蜂は、巣を攻撃されると　襲って来ます。

ニワゼキショウとユウゲショウ　紅白仲良し　必要だから・・・

# 第二十節　一

若《も》し菩提心《ぼだいしん》を発《おこ》して後《のち》、六趣四生《ろくしゅししょう》に輪轉《りんでん》すと雖《いえど》も、その輪轉《りんでん》の因縁《いんねん》皆《みな》菩提《ぼだい》の行願《ぎょうがん》となるなり、然《しか》あれば従来《じゅうらい》の光陰《こういん》は空《むな》しく過《す》ごすというとも今生《こんじょう》の未《いま》だ過《す》ぎざる際《あい》だに急《いそ》ぎて発願《ほつがん》すべし

設《たと》い佛《ほとけ》に成《な》るべき功徳《くどく》熟《じゅく》して圓満《えんまん》すべしというとも、

尚《な》お　廻《めぐ》らして衆生《しゅじょう》の成佛得道《じょうぶつとくどう》に回向《えこう》するなり

二十日目

## 意訳

今まで　若し、仏心による人格向上を求める心を起こして
その後に
六道や卵生　胎生　湿生　化生などの四生の生存を
繰り返したとしても　其の繰り返しのそれぞれにおいても
心の修行の願いをして　次生に移行することになるのです。
今までの年月が　例え無駄ばかりであったとしても
今の人生が終わらないうちに
急いで　崇高な願いの佛心を起こしたいものです。
たとえ人格完成が出来ていたとしても　なお一層
自分の功徳や思いを人々の人格向上　幸せのために
心を手向けることが大切です。
私たちの身体は　死して、水分　気体　分子として、改めて
動植物に吸収され、人間の社会に改めて出現するのです。
ガクアジサイ　中央の小さな粒が花です。

# 一緒に考えよう

人々を幸せにしたい　住みよい安心な社会を作りたい　社会の発展を願っての高貴な心を以て、その後に死後　六趣則ち六道に生まれようとも　四種の生まれ方、つまり胎生・卵生・湿性・化生として生まれようとも、其の尊い志は受け継がれて行くのです。

ここで大切なことは、生物学的に考えてみましょう

六趣とは、私たちは事象によって　地獄・餓鬼・畜生・修羅・人・天の六つの精神状態になります。だからこそ、常に、仏心を最高の心願として大切に保持したいものです。

また、生まれ方としての四生とは、精子・卵子・胎児・お腹の腹水の中からの誕生と解釈してみると、　私たちは死後、灰・気体・水分・養分・その他の分子に分解され、植物、動物・昆虫・爬虫類・鳥類・魚類・蘚苔類などを経て、再び人類に縁ができます。

自然の生命力のすばらしさを観察してみると、その生命力、生き方、繁殖力は思慮を絶するものがあります。自然は他者を絶滅へ追いやりません。

人類は、一年間に二万種類の生命を絶滅へ追いやっていると、言われています。

今一度、生命　自然への敬愛　崇敬の念を新たにしたいものです。

※四生とは、胎生の哺乳類　卵生は鳥類・魚類　湿性は湿った中での虫　化生その他　など

# いまを生きる

肉食動物のライオンは　偏食ですか？
ベジタリアンの牛も偏食かな？
動物たちは　他者を絶滅へ追い込まないのです。
　木の実を八割食べて　二割は食べずに
来年度へ持ち越しをするのです。
根をつけて動けない植物たちは、
生き残る色々な工夫をしています。
動物、植物の世界も精一杯の生き方をしながら、
他者を絶滅へ追いやらない生き方なのです。
共生の生き方を実践しています。

クサギ　葉が臭いところから名づけられた
　　葉は精進料理などに使われる
　　高血圧症　下痢止め　リュウマチに薬効あり

# 第二十節　二

或《あるい》は無量劫《むりょうごう》　行《おこな》いて衆生《しゅじょう》を先《さき》に度《わた》して
自《みず》からはついに佛《ほとけ》に成《な》らず、
但《ただ》し　衆生《しゅじょう》を度《わた》し衆生《しゅじょう》を利益《りやく》するもあり

二十日目

## 意訳

或いは　ずうっと　あなたの一生涯
人の幸せばかりを考えて　自身の利益を考えずに行動し活動して
あなた自身が　ついに　心の平安が得られなくとも
人を救って幸せに導いた善業は　今後　人類の知恵として
確実に尊い実践業なのです

地球上の生き物は
六道の生き方をしているものや四生として生きているものがある。
四生とは　卵で生まれて鳥類　爬虫類などとして生きるもの
胎生とは　胎児として生まれて生きる哺乳類など
湿生は爬虫類や昆虫など水際土中で生まれて生きるもの
化生は前述のどれにも入らないものや、化け物や幻覚として生きるもの

センリョウ　関節痛に薬効

# 一緒に考えよう

「あの人は　人に尽くして　尽くして来た人やったなあ」

「偉い人やったわ　私ね　本当に心の支えになって貰って　元気をもらったわ」

「人が困ってるのを見ると　じっと　してられない人やったね」

「あの人ね、人のお世話をしている時、ほんまに仕合せそうで
ニコニコ　生き生きしてられたね」

「隣の御婆さんが熱を出さはった時、タオルを氷水で冷やして、再々窓から差し入れして
晩御飯のおかずを差し入れしたり、ほんまに　よく人の世話をされたねえ」

「それも　他人よ。　普通は　その家族さんに気を遣うよね」

「普段からの人柄やから、みんなが安心して甘えられるのやねえ」

このような現場に行き合わせました。

その方の信念は　「ご近所は皆　家族　親戚よ　助け合わないとね」

生き生きと語るその顔は　幸せに満ちていました
本心からの　発菩提心　発菩提心　発菩提心
※　窓からタオルを差し入れる　　必要以上に入り込まない　素晴らしい

# いまを生きる

青空に映える新緑
清々しい新緑
生き生きと深呼吸　新緑の空気
コロナもない　雑念もない　邪念もない

澄み切った青空
美味しい空気
新緑の香りがする空気　胸いっぱいに

この空気を盗んで帰ろうなんて邪念もない
人よりも多く吸いたいなんて　欲も出てこない
ただ　唯　幸せ　ありがとう
発菩提心
「而生其心《にしょうごしん》」　今ここに生きる

# 第二十一節　四枚の般若　一

衆生《しゅじょう》を利益《りやく》すというは四枚《しまい》の般若《はんにゃ》あり、

一《ひと》つには布施《ふせ》　二《ふた》つには愛語《あいご》　三《み》つには利行《りぎょう》　四《よ》つには同時《どうじ》

是《こ》れ則《すなわ》ち薩埵《さった》の行願《ぎょうがん》なり

二十一日目

## 意訳

人々を幸せに導くためには　四種の崇高な智慧の実践があるのですよ。
その高い理念を持って行う智慧の実践とは
一つには　物や心を分け与えるという　布施の行い
二つには　人を思いやる言葉という愛語の実践
三つには　人々や社会のためになる利行の実践
四つには　相手の立場に立ってという同事行の実践
これらは　人格の向上を願い　実践活動をする菩薩としての
四つの尊い願いの実践行なのです。
これらの崇高な行願を持って活動すれば　あなたが菩薩としての
品格を整えるための尊い行いとなるのです。
太郎菩薩さん　花子菩薩さん　〇〇菩薩さん

ツユクサ　日本をはじめ東アジアの春に野原に咲く紫色の野草。
朝方咲きだし、昼頃露のように萎むのでついた名前
解熱、下痢止めに薬効

# 一緒に考えよう　四攝法《ししょうぼう》

個人　社会　不特定多数の人々の為に　ご利益（りやく）として働くということには
四種類の邪念のない智慧　崇高な悟りの実践があるのです
一つには　布施　　邪念のない心で　人々に物や心　行為を分け与える
二つには　愛語　　見返りを求めないで、人を慈しみ　思いやる言葉遣いの実践
三つには　利行　　人々や社会の為になる良き行いをする実践
四つには　同時　　常に相手の立場に立って物事を考え行動する実践
これらの四つの尊い清らかな願いの実践行為・活動があるのですが、
まず、これらの四つの願いの活動について　よく理解し　考えてみましょう

# いまを生きる

尊い行願は先ず、どのように心掛けて、行いをすれば　仏陀の願いに叶った行いとなるのでしょうか

ある施設に　たくさんの机　椅子を寄進され、それぞれの物品に寄付者の名前を大きく目立つように書かれた方がいました。

選挙に大敗　すぐさま　その机などを引き上げ他の施設へ移送されたと聞き、「なーんだ　そうだったのか」と、周囲の人たちは冷ややかな目で見るようになりました。

施設利用者の利便を願っての寄進ではなく、邪念があったのですね。

すると、以前に増して、不人気になってしまったと、伺いました。

キツネノロウソク　食用には不適

# 第二十一節　四攝法の第一　布施

其《その》布施《ふせ》というは貪《むさぼ》らざるなり、我物《わがもの》に非《あら》ざれども布施《ふせ》を障《さ》えざる道理《どうり》あり、其物《そのもの》の軽《かろ》きを嫌《きら》わず、その功《こう》の實《じつ》なるべきなり、然《しか》あれば則《すなわ》ち一句一偈《いっくいちげ》の法《ほう》をも布施《ふせ》すべし、此生佗生《ししょうたしょう》の善種《ぜんしゅ》となる一銭一草《いっせんいっそう》の財《たから》をも布施《ふせ》すべし　此世佗世《しせたせ》の善根《ぜんごん》を兆《きざ》す法《ほう》も財《たから》なるべし、財《たから》も法《ほう》なるべし、但彼《ただかれ》が報謝《ほうしゃ》を貪《むさぼ》らず、自《みずか》らが力《ちから》を頒《わか》つなり、舟《ふね》を置《お》き橋《はし》を渡《わた》すも布施《ふせ》の檀度《だんど》なり、治生産業《ちしょうさんぎょう》固《もと》より布施《ふせ》に非《あら》ざること無《な》し

二十一日目

意訳

布施の行いとは、貪りの心を持たないということです。全ての物は天地自然のもので、自分だけのものではないの。自分の物とするのは、在世中の極わずかな数十年だから、お金や食べ物、衣服などを人のために役立てようとする布施行を妨害してはいけませんね。

ささやかな物や量であっても嫌わず　そのものを生かすべきです。

一言の温かな言葉をも役立つように差し出しましょう

それは、この世あの世を問わず、仕合せ、平和、人格向上となる種まきであり、ほんの僅かな物でも、心の痛みを持つ人に役立てるべきです。

この世あの世の幸せ、平和、命を救うという法も宝物　財も宝物です。ただ相手から報酬を求めないで、自分の真心、力を役立てましょう。

渡し舟を出したり、橋を架けたり、修理したりするのも、大切な布施の善行なのです。

生産業　地域振興　諸工業　商売なども人々の暮らしを支え良くすれば、布施として立派な修行なのですよ。

センリョウ　　打撲傷や関節炎の痛み止めに薬効

# 一緒に考えよう

ボランティアの発祥は、イギリスであり、その手本はわが日本であると前述しましたが、一貫してベースを為しているのが、「布施行の心」と「行動」なのです。

「崇高な志・邪念のない心」で、ただひたすらに不幸な現状を打破し、抜け出してもらえるように「寄り添い・助け合い・手助け・心身の健康を守り・前進への踏み出しを支える」ことなのです。それは、浄財の多少を問わず、高価な物品であるとか ないとかも関係なく、大切なことは 邪念なく自らの力で自発的に行い、見返りを求めないことが大切なのです。

天災地変が起こると各種のボランティア団体が多くの人材を派遣している中には、信者獲得が目的の国内外、大小の信仰団体があります。

仏陀がお説き下さった真心からの行願「布施行」であってほしいですね。


「学力 知識も使い方によっては 凶器となる」

# いまを生きる

「学力　知識も使い方によっては　凶器となる」

「オレオレ詐欺」
「振り込め詐欺」　など　嫌な響きですね。
邪念のない　清々しい　生き生きとした日々
そのような人生を送りたいものですね。

マーガレットが
お寺の参道脇に爽やかに咲いていていました。
邪念のない爽やかな花

四輪の花はまるで　四摂法《ししょうぼう》
「布施　愛語　利行　同時」を表しているようです。

# 第二十二節　愛語

愛語《あいご》というは、衆生《しゅじょう》を見《み》るに、先《ま》ず慈愛《じあい》の心《こころ》を発《おこ》し、顧愛《こあい》の言語《ごんご》を施《ほどこ》すなり、慈念衆生猶如赤子《じねんしゅじょうゆうにょしゃくし》の懐《おもい》を貯《たくわ》えて言語《ごんご》するは愛語《あいご》なり
徳《とく》あるは讃《ほ》むべし、徳《とく》なきは憐《あわれ》むべし、怨敵《おんてき》を降伏《ごうふく》し、君子《くんし》を和睦《わぼく》ならしむること愛語《あいご》を根本《こんぽん》とするなり、面《むか》いて愛語《あいご》を聞《き》くは面《おもて》を喜《よろこ》ばしめ心《こころ》を楽《たの》しくす、面《むか》わずして愛語《あいご》を聞《き》くは肝《きも》に銘《めい》じ　魂《たましい》に銘《めい》ず、
愛語《あいご》能《よ》く廻天《かいてん》の力《ちから》あることを学《がく》すべきなり

二十二日目

意訳

「愛語」の行いは、知った人　知らない人を問わず、人と逢ったとき、先ず最初に笑顔と慈愛の心をもって信頼される愛情を込めた言葉で話しましょう。それは、赤ちゃんを見るとき、かわいい　健康で幸せに成長してほしいと無心に願って使う笑顔と言葉が愛語なのです。

人として徳が高い人は讃えましょう。徳のない人には心温まる言葉で接してあげましょう。特別憎い人を口説き落とすにしても、権力を持っている人を仲良くさせるのも、相手を思う温かな言葉が根本なのです。

面と向かって愛情のある言葉を聞くとドーパミンが出て笑顔で心を楽しくなさってくださるのです。陰で人からの真心のある誉め言葉を聞くと、そんなに思って下っているならば一層肝に銘じて願いに生きようと思うものです。このようにして、「愛語」は、権力者でも、傲慢な人でも天帝や天の神　地の神の心をも善導する力があることを学び心得ましょう

アジサイ　梅雨の時期、人の心を温かくしてくれる愛語のような花

# 一緒に考えよう

愛語とは、相手を口説き落とそうとか　巻き込もうなどという下心が全くなく、赤ちゃんを見るときのように　心底からの愛情をもって　思いやり　愛情のある言葉また、その言葉遣い　表現方法を用いるように　成人やこれから付き合う人に対してもお得意さんに対しても同様に愛情をもっての言葉遣いをしましょうということなのです。

本当に人々に嫌われている人がいると聞きました。　どのような人か？

それは、余にも身勝手な人ですし、時には、困っている人を困らせる。組織の大切な事業を壊すなど　それもまた、理論家で誰もが太刀打ちできないのです。自分の出世のためなら、頭角を隠して平身低頭。しかし、その裏返しをするなど、多くの人に嫌われる存在でした。

数人の部下の方から　どのように付き合えばよいのか　精神的に困っていますとのこと。「その人の長所を見つけること。その人を立てて最初に相談をかけること」を提案したところ、「役に立つことがあれば　声をかけなさい」と、態度が急変。

「さすがに　先輩です。助かりました。」　先輩は、経験者だけに　いろいろなアドバイスをしてくれたということでした。

先輩の言葉遣いは、人を見下したものの言い方でしたので、部下の人たちはへきへき。しかし、その後は　上司、部下の皆さんとも上手くいっているとのことでした

# いまを生きる

「私、もう死にたいです！」
突然飛び込んできた女性　悲痛な叫び
聞けば　夫の不倫と交際女性への高額な生活援助金
夫はもう六十歳　退職金を全額使い込んでしまった
ここで大切なこと
その妻の気持ちをしっかり理解し、今後、どのようにした
いのか。寄り添う。これからの二十年　三十年の人生をどの
ように過ごしたいのか
先ず　その女性の長所を見つけて、生きる力添えを
すること。しばらくして、その女性に鏡を手渡し、
「あなたの顔を御覧なさい」本人の顔を見させました
「えっ？」
「いい顔つきになりましたね。自信を持ちましょうね」
其の女性の顔が笑顔になりました

# 第二十三節　利行

利行《りぎょう》というは貴賤《きせん》の衆生《しゅじょう》に於《お》きて利益《りやく》の善巧《ぜんぎょう》を廻《めぐ》らすなり、
窮亀《きゅうき》を見《み》、病雀《びょうじゃく》を見《み》しとき、彼《かれ》が報謝《ほうしゃ》を求《もと》めず、
唯単《ただひとえ》に利行《りぎょう》に催《もよお》さるるなり、
愚人《ぐにん》謂《おも》わくは利佗《りた》を先《さき》とせば自《みずか》らが利省《りはぶ》かれぬべしと、
爾《しか》には非《あら》ざるなり、利行《りぎょう》は一法《いっぽう》なり、普《あまね》く自佗《じた》を利《り》するなり。

二十三日目

意訳

人のためになる善い行いは、身分の上下や経済的余裕の多い少ないは関係なく、困っている人を助けようと思いを巡らせ手段を考えましょう。

困っている亀を見たとき、病気になっている雀を見たとき、相手からの謝礼など考えもしないで　ただ、一途に助けようとするでしょう。

愚かな人は、人助けや動物のことを先にすれば、自分が損をすると。でも、そうではないのです。

人助けや動物を愛護することは　仏陀の慈愛の教えの実践なのです。

利行という善行は　助けるものも助けられるものも　皆ともに心が豊かになり、善き社会を形成することになるのです。

ジンジャーとクロアゲハ
良き香りに誘われて　クロアゲハがやってきた。
長くめしべを伸ばしているので、上手く受粉をしてほしいね

# 一緒に考えよう

利行という善行には、身分の上下など　全く関係のないことです。困っている人を見たら直ちにその人を助けるという崇高な願いをもって、行動を起こすべきです。

建設事業者　行政、技術者、調理師、理容美容師、医師、看護師など医療関係者　主婦園児、児童生徒　学生　僧侶などそれぞれの立場で、邪念なく行いを実践すべきです。報酬や信者獲得などの邪念を一切持たないことが最も大切なことです。

苦しんでいる亀や病気の雀を見た時、何とか助かってほしいと願うでしょ？

寒い朝、池の中で、小さな小鳥の赤ちゃんが溺れかかっていました。大きな蛇が小鳥の巣を襲って、二羽のうち、一羽が逃げて　まだ、飛べない幼子でしたので、池に落ちたのです。

拾い上げて、手のひらで温かく包むと、その中で安心したのか、手のひらから出てくれません。蛇に襲われる恐ろしいこと　冷たい水　生まれて初めての恐ろしい経験。

でも、私の手のひらで温かく安心。

他者のためにする利行は　自他の心を温かくする立派な行いなのです。

利行は　慈愛の心の働きなのです。

心は使えば使うほど大きく成長し、使わなければ　小さくなっていくものなのです。

# いまを生きる

「前頭葉」は、脳みその中で、最も遅く出来た部分ですので、本能という働きはありません。

ですから、生後、しっかりと教育して育てなければ何も働かない脳みそなのです。

「利行　慈悲の行い」をたくさん経験し、邪念のない利行を行うことで　他者の気持ちを理解し、自らの心を育て　清めることになるのです。

「わが身つねって　人の痛さを知れ」

「己　欲せざるところ　人に施すなかれ」

ウラジロ　　正月の縁起物
葉枝が左右ペアーになっていることから、夫婦円満
中央から葉柄が出て、また一対の葉枝が出ることから
夫婦円満　子孫長久　一年に一段ずつ伸びる
五代くらい伸びて、高さは２ｍにも。

# 第二十四節　同事

同事《どうじ》というは　不違《ふい》なり、自《じ》にも不違《ふい》なり、侘《た》にも不違《ふい》なり譬《たと》えば人間《にんげん》の如来《にょらい》は人間《にんげん》に同《どう》ぜるが如《ごと》し、侘《た》をして自《じ》に同《どう》ぜ占《し》めて後《のち》に自《じ》をして侘《た》に同《どう》ぜしむる道理《どうり》あるべし、自侘《じた》は時《とき》に随《したご》うて無窮《むきゅう》なり、海《うみ》の水《みず》を辞《じ》せざるは同事《どうじ》なり、是故《このゆえ》に能《よ》く水《みず》聚《あつま》りて海《うみ》となるなり、

二十四日目

意訳

「同事」ということは、自他の立場や貧富、容姿や色形に捉われないということです。例えば、悟りを得て最高の人格者となろうとも、ずば抜けた科学者、医者であろうとも常に人への温かな思いや寄り添いが大切です。

他人のことを自分のこととして慈悲と智慧をもって行動すれば、相手もあなたのことを最大限理解し、ともに理解しあうことができるでしょう。

そのような関係になれば、信頼関係は尽きることはないでしょう
海の水が、いかなる川の水をも受け入れるのは、正に同事行なのです。

だから、水が集まって海となるのです。

萩　ハギ　マメ科　めまい、のぼせ改善の薬効
花だけを見ると、正にエンドウ豆の花ですね。

# 一緒に考えよう

男女という性別　貧富という格差　社長、従業員という身分　職業による差、そのような立場の違いを乗り越えて、一人の尊い人として、立場に逆らわないことが大切なのです。

社長だから先に救ってあげよう　きれいな若い女性だから早く救ってあげたい。

お金持ちだから、あとで何か　おこぼれに預かれるかな。

皮膚の色　人種が違うから、やめておこうなどと、邪念を持たないことが大切です。

仏陀としてのお釈迦様は、人々のために人々の言葉で語り、その立場になって導かれたのです。相手の心をしっかり開き、受け皿ができたところへ、温かな真理のみ教え、慈悲や智慧を相手に即するように、お説きになられたのです。

ですから、自分と他者とは　いつでも心の交流が図られ、お互いの立場に立てるのです。

海を見てみると、黄河からの黄色い水は海を黄色にして黄海にいますが、やがて、同化して、同一の海の水になります。いかなる真水も塩水となって大きな海となるのです。

そして、魚貝類　海草　サンゴ　多くの海洋生物を育てる海水として大きな働きをします。

私たちも、この「同時行」をしっかり理解し、実践して　人類　地球の未来のために
慈愛の心を豊かに抱いて　四攝法を実践したいものですね。

# いまを生きる

お釈迦様は　最高の臨床心理士
今もそのお力を誰も追い越せていない。
それは、いかに相手の立場に立てるかが
大切なポイントですね。
テレビ寺子屋という番組で、
「K教では、自分がしてほしいことを人にするから
積極的な救いがあるが、仏教は相手の立場に立つこ
とが大切だから消極的な救いしかない」と講演。
皆さんはいかがですか？

※信徒獲得が狙いです。

月下美人　夜中に全開花
心がウキウキと癒される魅力的な花

# 第二十五節

大凡《おおよそ》　菩提心《ぼだいしん》の行願《ぎょうがん》には　是《かく》の如《ごと》くの道理《どうり》　静《しず》かに思惟《しゆい》すべし
卒爾《そつじ》にすること勿《なか》れ　濟度《さいど》攝受《しょうじゅ》に一切衆生《いっさいしゅじょう》皆化《みなけ》を被《こう》ぶらん
功徳《くどく》を禮拜恭敬《らいはいくぎょう》すべし

## 二十五日目

意訳

人々が仕合せであってほしいとの邪念の無い、崇高な願いは、
今まで述べてきた道理であることを　心を落ち着けて、
十分に理解し納得すべきことです。
軽率に考えたり、受け取ったりしては、
邪念が必ず入り込みます。
人々を苦しみから救うことは　目の前のただ一人だけではなく多くの人々　遠くの人までも救うことになるのです
そのような尊い功徳に対し　礼拝の気持ちと敬う心を大切にすべきです
※礼拝《らいはい》「れいはい」と読まないでね

アジサイ　隅田川の花火　ガクアジサイの仲間

# 一緒に考えよう

私達がこの団地に引っ越ししてきた当初、ご近所の方を誰も存じ上げている方がありませんでした。お和尚様に　お仏壇のご遷座《せんざ》のお詣りに来ていただき、エンドウご飯を焚いて、一口お召し上がり頂いた時、

「美味しい！」と、仰って頂いたあの笑顔に　私どもが感動しまして、

翌日、そのお話をしながら　ご近所の皆様に　少しずつですけれど、お配りさせて戴いたのです。そうしましたら、

「美味しかった」と、皆さん仰って下さって　それから　新エンドウの頃には

エンドウご飯を毎年ご近所にお配りしていますの。

和尚さんのあの笑顔のお陰で　良いご近所付き合いをさせて貰ってます。

子供さんたちも

「おばちゃん　おはよう」って、声を掛けてくれるのですよ。

今、私たちは　幸せです。ご近所の皆さん　笑顔で　仲が良いのですよ。

和尚さんの檀家であって、本当に良かったとつくづく思っています。

子供さんたちも　少しずつですけれど、増えています。澄みやすい環境ですね。

下校の時間は　楽しそうに　にぎやかですよ。

# いまを生きる

良寛和尚さん
散るもみじ
裏を見せて
表を見せ
邪念の無い浄行は
本当に人々を幸せにしてくれます。
純真な方の代表として、良寛和尚さんがいらっしゃいます。幸せの条件にお金　名誉、地位などが取り上げられますが、しかし、やはり、ともどもに安心して　お付き合いができることではないでしょうか。
「人」から「人間」へ
暑い夏には青紅葉として元気に乗り越え、
秋には紅葉　人々の心に安らぎと
清純さを与えてくれる。きれいと受け止めるとき、
あなたも清純な　お心なのですよ。

# 第五章　行《ぎょう》持《じ》報《ほう》恩《おん》

## 第二十六節

此《こ》の発菩提心《ほつぼだいしん》、多《おお》くは南閻浮《なんえんぶ》の人身《にんしん》に発心《ほっしん》すべきなり、

今《いま》、是《かく》の如《ごと》くの因縁《いんねん》あり、願生《がんしょう》　此娑婆國土《ししゃばこくど》し来《き》たれり

見釈迦牟尼仏《けんしゃかむにぶつ》を喜《よろこ》ばざらんや

二十六日目

## 意訳

このように尊いお悟りの心は、多くは南閻浮、すなわち妬み心や恨み心をもって、戦争　殺人　詐欺など　苦しみもがいている人類こそ　起こすべき素晴らしい願いと悟りのことなのです。

今、ご縁を戴いて　命の継承、生を受けて、喜怒哀楽苦楽　辛抱　忍耐のこの社会　国土に縁を戴きました。ですから、お釈迦様のみ教えに出会うことが出来たのです。これを喜びといたしましょう。

スイレン
汚れた水に生きようとも　心を汚すこともなく
清らかな花を開花　人々だけでなく　昆虫たちにも
生きる喜びを与えています

# 一緒に考えよう

大自然界には、法にかなった安定と幸せがあります。

しかし、私たちの社会では　個人の身勝手な欲望に振り回されて犯罪に巻き込まれたり、戦争や内乱による多くの犠牲者、自然災害など多くの不幸なことが起こっています。

そのような社会だからこそ、行持報恩、則ち、清らかな願いと行いを保つべきですね。

今、ご縁を戴いて　お釈迦様のお導きにより、正しい願いをもって生きさせて戴くことの大切さに会わせていただきました。

お釈迦様のみ教えは　常に「無我」即ち　身勝手な行動や邪念をなくすることとの大切さを教えてくださったのです。

世の中には、立派な理論を掲げながらも、その実は詐欺　脅迫　マインドコントロールなどによる不幸を負わせることが　数多く起こっています。

お釈迦様のみ教えは　何事に対しても　邪念なく　清浄心をもって　その人その人の自らの力を発揮すべきだとお示しになっています。

そのようなみ教えに出会えたことを心から　喜びたいものですね。

# いまを生きる

以前は、ニューヨークの地下鉄は危険がいっぱいだったそうです。しかし、最近はとても安心安全になったそうです。

それは、地下鉄の車内を清潔に　駅構内を綺麗にしたら、犯罪がなくなったとのことです

日本シャクナゲの葉は魔よけ・厄除け伝説平家と源氏の戦いで　花が満開の日本シャクナゲの陰に隠れている平家の武将たちを見つけた源氏、花の美しさに戦いの気持ちを和らげ、笑顔になって、その場を納めたという伝承があります。

仏陀　道元様　瑩山様のように　邪念のないお心には　自他ともに仕合わせへの心が出てくるものですね　大切に持続継続したいです

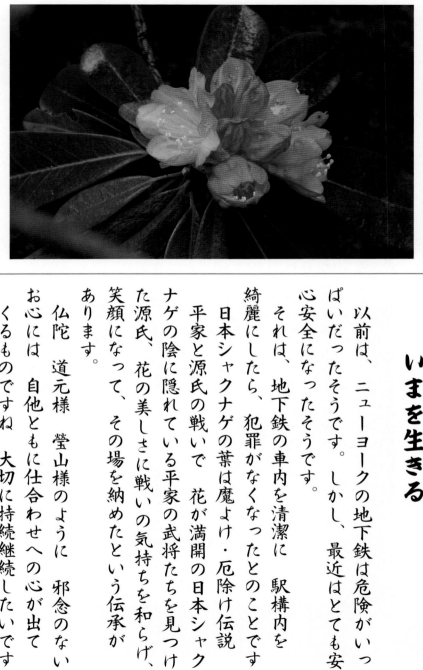

# 第二十七節

静《しず》かに憶《おも》うべし、正法世《しょうぼうよ》に流布《るふ》せざらん時《とき》は、身命《しんめい》を正法《しょうぼう》の爲《ため》に抛捨《ほうしゃ》せんことを願《ねご》うとも値《お》うべからず。正法《しょうぼう》に逢《あ》う今日《こんにち》の吾等《われら》を願《ねご》うべし、見《み》ずや、佛《ほとけ》の言《のたま》わく、無上菩提《むじょうぼだ》を演説《えんぜつ》する師《し》に値《あ》わんには種姓《しゅしょう》を観《かん》ずること莫《なか》れ、容顔《ようがん》を見《み》ること莫《なか》れ、非《ひ》を嫌《きろ》うこと勿《なか》れ、行《おこな》いを考《かんが》うること莫《なか》れ、但般若《ただはんにゃ》を尊重《そんじゅう》するが故《ゆえ》に日日三時《にちにちさんじ》に禮拝《らいはい》し恭敬《くぎょう》して、更《さら》に患悩《げんのう》の心《こころ》を生《しょう》ぜしむること勿《なか》れと

二十七日目

意訳

よく考えてみてください　お釈迦様の人格向上完成の正法がない時は、正法に逢いたくても逢えないですね。その、み教えに逢える今日に感謝して、人々の真の幸せを願いましょう。

ご存命でないお釈迦に代わってみ教えをお説き下さる師に逢えた時には　氏や姓にこだわらず、人種　顔の色や形に拘らず、欠点や癖を嫌わず、行動が少し違うからと言って毛嫌いをしてはいけません。

唯、般若　則ち仏陀の御心である智慧を尊重し、その師から学ぶことが大切です。日日、朝昼晩の三時に、大切な智慧を礼拝し　敬って、「正しい智慧を身につけて、邪念の心を起さないようにしなさい」と

花は美しい

邪念をもって見ると　綺麗に見えない　見ることが出来ない。

しかし

花が美しいとみられるときは、あなたの心が清々しいからですよ。

# 一緒に考えよう

「僕　教員の採用試験に合格して○○市の◆◆中学校に決まりました。」

という報告をもらいました。

「なぜ　中学校の理科の先生になったの？」

「小学校の時　理科を教えてくださった先生の生き生きした授業に憧れて、僕も理科の教師になりたい、と思いましたのでなりました。」

教師冥利に尽きる！

このように　出会いは本当に奇遇ですね。

「あこがれの先生に教えてもらいたい。担任をしてもらいたい」と願っても、思い通りにはなりません。たまたま素晴らしい先生にであったならば、無上の幸せと受け止め、その先生とのご縁を大切にして、その先生から人格という智慧を最大限に学ぶべきでしょう。

其の先生がたまたま寝不足であったり、体調がよくなかったとしても、そのようなことに拘らず、先生の真心を精一杯　吸収すべきですね。

アインシュタインは、「宗教を持たない科学は危険である」と述べました。なぜ？

理詰めではなく　其の授業から人格という智慧を学ぶのです。

教科書で何を学ぶのか　授業から何を得るのか・・・大切な智慧　般若なのです

# いまを生きる

仏の座　葉の形が　仏さまがお座りになっている蓮の花の座に似ている所からつけられた名前です。気が付かなければ、単なる雑草ですね。

「知恵」とは、現在　恵まれていることが沢山あります。パンツ一枚　自分では作れないのです。糸、布、縫製、有りとあらゆる物は、人　自然、大地のお陰ばかり。そのように「恵まれていることに気づくこと」なのです。

「智慧」とは、「解り　判り　分ることとなのです」人格向上　慈悲　尊重　つまり仏陀となることとなのです。いろいろと知識を身に着けても、それを正しい仏陀の行願に生きることが、大切なのです。つまり、人々の真の幸せに有効的に活用しなければ、「学力も使い方によっては凶器となる」のです。

ホトケノザ　シソ科の植物　腰痛・打撲に薬効

# 第二十八節

今《いま》の見佛聞法《けんぶつもんぼう》は、佛祖面々《ぶっそめんめん》の行持《ぎょうじ》より来《き》たれる慈恩《じおん》なり、
佛祖《ぶっそ》　若《も》し単伝《たんでん》せずば、奈何《いか》にしてか今日《こんにち》に至《いた》らん、一句《いっく》の恩《おん》
尚《な》お報謝《ほうしゃ》すべし、一法《いっぽう》の恩尚報謝《おんなおほうしゃ》すべし、況《いわん》や正法眼蔵《しょうぼうげんぞう》　無上《むじょう》
大法《だいほう》の大恩《だいおん》これを報謝《ほうしゃ》せざらんや、病雀《びょうじゃく》尚《な》お恩《おん》を忘《わす》れず三府《さんぷ》の
環《かん》能《よ》く報謝《ほうしゃ》あり、窮亀《きゅうき》尚《な》お恩《おん》を報《ほう》ず、餘不《よふ》の印《いん》　能《よ》く報謝《ほうしゃ》あり
畜類《ちくるい》尚《な》お恩《おん》を報《ほう》ず、人類《じんるい》争《いかで》か恩《おん》を知《し》らざらん

## 二十八日目

## 意訳

今日、私たちが真実のみ教えに出会うことは、お釈迦さまのみ教えを正しく学び実践して来られた代々の祖師方のおかげです。祖師方が一椀の水を残さず、こぼさず　移すようにして、純粋に正法をお伝えくださらなければ、どうして今日まで伝わって来たでしょうか。　一言のお言葉でさえ　心から感謝しましょう。

一つのみ教えさえも感謝してお受けしましょう。

ましてや正法眼蔵という無上の大法を載けることに大感謝です。

病気の雀でさえ　恩を忘れません。

三日飼えば恩を忘れない犬や動物たちでさえ、恩を忘れないのです。窮地に陥って助けられた亀は、印となって恩を返したという伝説もあります。

ですから、人は尚一層　恩を知ることが大切ですよ。

アメリカノウゼンカズラ　　利尿剤

# 一緒に考えよう

平家の落ち武者説のある山奥の村を研究しています。

交通の便は、バスも通っていませんので、不便ですが、住民の皆さんは、支えあい助け合い　声を掛け合い　おかずが行き来し、作られたお野菜がお互いの食卓を賑わせています。無いものをお互いが補い、支え合う生活で、笑顔が一杯の村なのです。

かと言って　必要以上に入り込まない節度も　自然に身に着けていて、お釈迦様のみ教えが、日日の生活にうまく溶け込んでいるのです。

蛇が小鳥の巣を狙って、襲い掛かった瞬間、ひな鳥が驚いて、巣から池に落ちました。私は思わず、近くにあった棒で、その雛をかき寄せて救いました。岸辺に置きますと、雛は私の両手の中に駆け上がるように入ってきました。そして、安心したかのように、じっとしていました。

正しい仏法に出会い、心を清め　清浄心になれば　皆ともに安心　安堵の生活を送れるのです。そのことをお釈迦様はお説きになられ、歴代の祖師方、道元禅師様、瑩山禅師様を経て、今この世に生きているのです。

コロナ禍　凶悪犯罪　詐欺犯罪　誰でもよかった殺人などが多発　今こそ　安心安全な社会の実現　それは、正法を研鑽　実践　法恩を大切にすることでしょう。

# いまを生きる

なんとも微笑ましいキノコちゃんの光景です。
このような　微笑ましい光景は　キノコを
育てる環境、気象条件　あらゆる条件が整って
見られるのですね。
「ありがとう」って言えるその言葉の奥に、
沢山の条件が整っていることを知ることが
大切なのですね。
「ありがとう」とは　「有ること難し」
「中々ない」という意味なのですね。
私たちが　普段使う「ありがとう」は、
どの場合に心を込めて使うのか、理屈ではなく、
心の底から、感じられた時に使えることが
大切なのです。清浄心になることです。
人は　常に報恩　法恩の意味をしっかりと
学びたいですね。

# 第二十九節

其《そ》の報謝《ほうしゃ》は餘外《よげ》の法《ほう》は中《あた》るべからず、
唯當《ただまさ》に日日《にちにち》の行持《ぎょうじ》、其《そ》の報謝《ほうしゃ》の正道《しょうどう》なるべし、
謂《いわゆる》の道理《どうり》は日日《にちにち》の生命《せいめい》を等閑《なおざり》にせず、
私《わたくし》に費《つい》やさざらんと　行持《ぎょうじ》するなり

二十九日目

**意訳**

そのような尊い　み教えの恩に報いることは、
いかなる方法を用いてもダメです。
毎日毎日の心清らかにしての行いが大切なのです。
それが、ご恩に報いる一番の正しい道なのですよ。
　その道理は、一つしかない命を
一日一日　毎日毎日の尊い命の活動　生命活動を
大切にしましょう。
生命をよい加減に扱わないで、自分の欲望のために浪費　翻弄
しないで
　無我無心　清浄心と佛心を以て行動する
働かせていただくことが大切ですよ。

タンポポ　羽が付いた種になって　風とともに去りぬ

# 一緒に考えよう

「僕　今まで我が儘勝手に生きてきて、警察にもお世話になりました。先生にもお世話になりました。でも、今日ね、道路工事をしていたら、傍の家に風向きのために砂埃がいっぱい飛んで行ったんです。「迷惑かけてるなあ」と思ったんですが、決められた仕事をしてしまわないといけないので、時間まで仕事を続けて、終わってから、その家の入口の扉や窓ガラスを拭き掃除して、家の人に
「すみませんでした。簡単ですが　掃除をしておきました」と、言ったんです。

そこの家の人が
「あなた　気が付く優しい人ですね」と、喜んでくださって、

「喉が乾いたでしょっ」って言って、缶ジュースをくださいました。

うれしかったですわ。今まで　こんなに喜んでもらったことなんか　なかったんです。

人に喜んでもらうことをするって　気持ちがよいものですね」

報恩は、「澄んだ心で、ひたすらな行いをすること」

ただ、お釈迦様がお説きくださった清浄心をもって、無心に報恩の行為をしましょう。

私の欲望のために行動してしようと思わないことなのです。

# いまを生きる

花たちは、朝日に向かって朝露とともに開花、なるべく　昆虫たちに見つけてもらえるように全力開花する。

ただ、只ひたすらに　花をアピールしている。

子孫繁栄のための、ひたすらな行為であるのです。ひたすらな行為ですから、美しく見えるのです。

仏陀のみ教えは、唯、ただ　ひたすらに、無心になっての行為が大切な浄心の善行になるのだと説かれているのです。これこそが仏陀への報恩となるのです。

かんとうさつき

# 第三十節

光陰《こういん》は矢《や》よりも迅《すみや》かなり、身命《しんめい》は露《つゆ》よりも脆《もろ》し、何《いず》れの善巧方便《ぜんぎょうほうべん》ありてか過《す》ぎにし一日《いちにち》を復《ふたた》び還《かえ》し得《え》たる、徒《いたずら》に百歳《ひゃくさい》生《い》けらんは恨《うら》むべき日月《じつげつ》なり、悲《かな》しむべき形骸《けいがい》なり、設《たと》い百歳《ひゃくさい》の日月《じつげつ》は聲色《しょうしき》の奴婢《ぬび》と馳走《ちそう》すとも、その中一日《なかいちにち》の行持《ぎょうじ》を行取《ぎょうしゅ》せば、一生《いっしょう》の百歳《ひゃくさい》を行取《ぎょうしゅ》するのみに非《あら》ず、百歳《ひゃくさい》の他生《たしょう》をも度取《どしゅ》すべきなり、

この一日《いちにち》の身命《しんめい》は尊《とうと》ぶべき身命《しんめい》なり、貴《とうと》ぶべき形骸《けいがい》なり、此行持《このぎょうじ》あらん　身心自《しんじんみずか》らも愛《あい》すべし、自《みずか》らも敬《うやも》うべし。

我等《われら》が行持《ぎょうじ》に依《よ》りて諸佛《しょぶつ》の行持見成《ぎょうじけんじょう》し、諸佛《しょぶつ》の大道通達《だいどうつうだつ》するなり、然《しか》あれば　則《すなわ》ち一日《いちにち》の行持《ぎょうじ》是《こ》れ諸佛《しょぶつ》の種子《しゅし》なり、諸佛《しょぶつ》の　行持《ぎょうじ》なり

三十日目

## 意訳

私たちの生きている日月は、あっという間に過ぎ、命は何故？と思う間に亡くなるのです。どのような良き手立てをしても過ぎた僅か一日をも取り戻せないのです。無駄に百歳ほど長生きしても恨みや後悔の毎日の積み重ねでは、つまらないものです。悲しい生涯でしょう。設い百歳の日月が色・声・香・味・触などの欲望に振り回されたとしても、その中の一日でも、真心を込めた真実の生き方をしていれば、その百歳の日月も意義のあるものになるばかりか、次の百年の人生も真理に目覚めた喜びに満ちた　生き甲斐のある生涯を迎えられるでしょう。その真実に満ちた一日は、尊重すべき命、貴ぶ身体　肉体なのです。そのような行いをするあなたの身も心をも　自ら愛し、自ら敬って褒めましょう。

私たちの行いによって、仏陀の深い願いと行いが実現し諸仏の広大な平和、安心、生き甲斐への道が広がります。

あなたの慈愛に満ちた毎日の心構えが、人格の種、諸仏の願い、行動なのです。あなたの生き甲斐となるのです。

ヌスビトハギ　薬草　めまい　のぼせに薬効

# 一緒に考えよう

「早く大きくなりたいなあ」って、子供のころに思ったことはありませんか。
高齢者のお宅で、「早よう迎えに来てほしいですわ」と言いながら、
「気はまだ二十歳代ですけれど、身体はあちこちが痛いし、したいこともできないし、
物忘れはひどいし・・・でも、もうこの歳かと　年月が経つのは早いもんですなあ。
四〇歳になったら、あっと言う間に六十歳　八十まで早いこと過ぎましたわ」
「でもこの頃は　一日が長ごうて・・・テレビの番してます」
「家の前の掃き掃除をしてはどうですか。健康の為にもなるし、
ご近所の人とも声掛けができますからね」（隣の家の木の葉が飛んできている）
それから、ご近所の皆さんの掃き掃除と朝の声掛けが始まりました。
長い時間の立ち話も又良し。おやつも出て来て、生き甲斐も。
二年が経ったころ「良い町内の人ばかりで、良かったですわ。雨降りの日は
窓から大きな声で、おはようって声掛けしますねん」
高齢者　一人暮らしの方が増えてきました。その中にあって　一日の生き甲斐
皆さんの為になる　人間関係が充実しました。このような毎日の掃き掃除で、一歩
一歩を大切にしましょう。それが健康増進　心の平安　悩み事の解消、振込詐欺
侵入盗などの被害防止に大いに役立ちます。このような　生き方が大切なのです。

# いまを生きる

クズの花です。根に含まれるデンプンからは、高級和菓子の材料の吉野葛などが取れ、風邪薬としての「葛根湯」の材料となります。
しかし、嫌われものです。私たちは最高の利用を考えて活かすことができれば、クズにとっても私たち人間にも、牛や馬ウサギなどの飼料として、嫌われものから大切なものとなります。活かし方を次世代に伝えれば、共に生き生き生活ですね。これこそ、仏陀の説かれた教え、その願いに「生き活き生きる」ということですね。私たちは
空・空気・太陽光熱・水・大地のお陰で、
生かされ生きているのです。
活かして生きるという
諸仏の願いが大切ですね。

# 第三十一節

謂《いわ》ゆる諸仏《しょぶつ》とは釈迦牟尼仏《しゃかむにぶつ》なり、釈迦牟尼仏《しゃかむにぶつ》是《こ》れ即心是佛《そくしんぜぶつ》なり

過去現在未来《かこげんざいみらい》の諸佛《しょぶつ》　共《とも》に佛《ほとけ》と成《な》る時《とき》は必《かなら》ず釈迦牟尼仏《しゃかむにぶつ》となるなり、是《こ》れ即心是佛《そくしんぜぶつ》なり、即心是佛《そくしんぜぶつ》というは、誰《だれ》というぞと審細《しんさい》に参究《さんきゅう》すべし　正《まさ》に佛恩《ぶっとん》を報《ほう》ずるにてあらん

三十一日目

意訳

今まで諸仏と伝えてきたその御心は皆　お釈迦様と同じですよ、
ということなのです。それを即心是佛と言います。
過去現在未来に亘っても、最高の人格者、諸仏、それはお釈迦様の
御心になることなのです。
その、諸仏　すなわち即心是佛となる人は　誰なのですか、
よくよく考えてみてください。
それは、あなた自身なのですよ。
正に　お釈迦様のみ教えに感謝　報恩　行持　なのです。
仏教とは
　お釈迦様 Buddha のみ教え
　お釈迦様 Buddha に近づくための教え
　お釈迦様 Buddha と同じ人格者になるための教えと捉えましょう

ムラサキツメクサ　　薬草　痛風　鎮静剤　風邪に薬効

# 一緒に考えよう

世界には「〇〇教」と名付けられた団体は、何万とあります。
しかし、その中で特異な存在が佛教なのです。
「佛教」という言葉を　わかりやすくすると
佛の教え　佛に近づくための教え　佛になるための教え　と置き換え
佛を Buddha とおきかえると
Buddha の教え　Buddha に近づくための教え　Buddha になるための教え
Buddha を最高の人格者と捉えると
最高の人格者の教え
最高の人格者に近づくための教え
最高の人格者になるための教え
つまり、仏陀のみ教えに会い、願いに生きることは　取りも直さず、
あなたが最高の人格者となることを目標に　日々精進　行持　報恩の行いをする
清浄心を持って　日々を　生き生きと生きることなのです。
そこに、利益誘導　損得　名誉　欲望の塊のようになって　人から信じられないよう
になっては　それは不幸ですね。
日々　Buddha の願い　人格の完成　最高の人格者を目指し、精進しましょう
　崇高な幸せに向かって　力を絞って　さあ　レッツ　ゴー

# いまを生きる

日本には　たくさんの「道」を付けた芸術
武道などがあります
　茶道・華道・剣道・柔道・・・
勝つことよりも、いかに人間性を高めるかが
大切とされてきました。
修験道　お滝に打たれる　坐禅　精神統一
拭き掃除　掃き掃除・・・「道」を達成する
　音楽や芸術　スポーツの優勝者などが、婦
女暴行事件　麻薬事件などを起こしたという事
例が　多くあります。それらは、仏教から離れ
て、勝つことのみに重きを置いた為ですね。も
う一度、根本から考え直しましょう

ねむの木　合歓木　夫婦仲良し
精神安定剤としての薬効あり。

# 本当の自立とは何？

・親元を離れることを自立
・核家族化することを自立
・人の事を考えないことを自立
これらを、自立と錯覚していませんでしょうか
「子育て　親育ち」というテレビの講演で、
家族みんなが大好きなお菓子が、あと一個になった時、子供が欲しそうにしていた
ので、親がさっと取って　パクっと食べた。子供が、悔しく泣き叫んだ。
「僕　食べたかったのに」
親は、
「悔しかったら　自立しなさい。人の事を考えるな。わが子に　厳しく言いなさい。
それが、自立を促すことになる。」というのです。
これが　笑顔の家庭づくりになるのだろうか
又、仏教は相手の事を考えて行うから　消極的なボランティアですという講師。
キリスト教では　自分がしてほしいことを相手にするので積極的なのですという。
この講師はクリスチャンです。
東インドで難民救済のボランティアをしていた、マザーテレサは、信者獲得に熱心で

ないとして、ローマ法王は全世界のキリスト教会　信者に対して浄財を出さないように指示をしました。経営に困ったマザーテレサは来日、国連高等弁務官認証の日本のSVA本部でボランティアの本来の在り方について勉強し、日本の応援の元改めてインドで活動を再開。キリスト教のボランティアは信者獲得の為であることが、まざまざと示された出来事でした。

私たちが大切に経験し築き上げてきた家庭教育は　皆が仲良く　支え合い　助け合いをすることを大切にしてきました。それが日本の尊さです。

児童心理　理想とする家庭教育　犯罪予防　再犯防止　更生保護　被害者保護　被害者を出さない笑顔の地域社会つくり　それらは　思いやり、支え合いが大切なのです。奪い合いすることが　自立なのではありません。

多くの家庭を見てきた私は、

支え合い　思い合い　笑顔の家庭こそ　子供の居場所　大人の居場所　家族の居場所なのです。また、住んでよかった地域社会　務めてよかった職場なのです。安心できるからこそ、前進があるのです。

しっかり抱きしめることによって　自立ができるのです。

親子も　夫婦も　兄弟も　同僚も　お隣さんもご近所さんも　心通わせる間柄でありたいですね。そのような願いを以て　皆様方のお幸せをお祈り申し上げます

# あとがき

お楽しみいただけましたでしょうか
本書は学術書ではありませんので、気楽にお読み頂きたく　そのように書きました。

草花は何気なく見ておりますが、小さな雑草も拡大してみますと、とてもきれいな花弁をしています。

私たちが　わが子　夫婦　隣人　社員　同僚などと相対したとき、どのような思いで接すればよいのでしょうか。

その人の長所をどれだけ見つけられるか　この点にかかっています。

コロナ　都会化　孤立化　孤独化　などと言われて、人々とのつながりが希薄化しています。

「和を以て貴しとなす」

聖徳太子が荒れた社会　地域の安定を願って、仏法僧の三宝を敬い仏法に基軸を置いて　国民みんなの共通理念　心構えとして　骨肉の争いを無くし、平和安心　安全の国づくりを始められたことに、思いを馳せましょう。

その聖徳太子が教科書からなくなりました。何故？　不穏な動きですね

令和五年春　　　著者　合　掌

## 著者略歴

昭和十九年　亀岡市にて誕生
七年間の教職生活
曹洞宗福泉寺首先住職
曹洞宗苗秀寺住職
曹洞宗西林寺兼務住職
曹洞宗特別布教師
京都曹洞宗青年会会長
全国曹洞宗青年会副会長
曹洞宗京都府第三教区長
民生児童委員
法務省保護司　亀岡市保護司会会長
亀岡市教育委員会委員長職務代理
亀岡市いじめ等防止サポート委員
亀岡市人権教育啓発指導員
亀岡市・南丹市・稗田野町各仏教会会長
京都府更生保護受章者会副会長　他

## 主な著書

自死を食い止めた法話
感動される中陰法話
感動される葬儀
寺院再生　ご祈祷
一日受戒ＤＶＤ
葬儀ＤＶＤ
修証義からの花束　その他

ＮＨＫ「山寺の得度日記」
読売テレビ　毎日テレビ
朝日放送テレビ　関西テレビ
ＫＢＳ京都　等　取材出演
ＦＭ大阪　その他に出演

現在　山村の「村おこし」に協力

# ツバキの絨毯

「うわあ　きれい！」

「あア　掃除が大変　」

受け止め方いろいろ

参考文献

エンテイークロペデイー　フィロソフィー　ヘーゲル

京都府亀岡市稗田野町佐伯大門四七

苗秀寺　東堂

福泉寺住職　大谷俊定

## 薬草 山野草から見る

# 薬師信仰と別院の荘

# まえがき

　全国的な人口減少に伴い山間地では過疎化が急速に進んでいます。それに伴い、集落が滅亡、小中学校が統廃合されています。

このような地域は、古代より歩んできた歴史や文化があったのですが、交通が不便、就職先が遠い、高校、大学が周辺にないなど、人口減少に拍車がかかっております。

しかし、そこに生を受けた人たちが、地域のすばらしさを知らず、誇りを持てないまま、故郷を捨ててしまうのは、大変忍びないことです。

多くの山村地域は、きれいで美味しい水。その谷水には、健康に良いミネラルや化学物質が含まれていたりするものです。

地域によっては「痔や大腸癌がない」ことを誇りにしておられるところがあります。それが当たり前として生活してきた人たちには、そのすばらしさに気が付かないまま都会へ移住し、故郷に誇りを持っていない人も多いのです。

今回、平家の落ち武者説のある東西別院の植物を調べ、なぜ薬師如来信仰が篤いのかという理由をそこから、調べてみたいと考えました。

古代に大陸から移入された漢方薬としての薬草が見つかり、近くには医王谷という薬草を栽培されていた地域もあり、興味を以てこれからの調査研究をしてまいりたいと存じます。

　植物学の専門家ではありませんので、多くの未発見のものもありますでしょうが、ご高齢の方々の生活経験のお話などを伺い、皆さんのご協力を得て　少しずつ充実した内容にしていきたいと考えております。

　これらの事がきっかけで　東西別院に帰って来たいという方　新しく住みたいという方が　おひとりでも増えることと　地域振興につながれば幸いです。

お願い　薬草は　専門家の指導を仰いで　ご利用　服用してください
本書は　薬学の専門書ではありません。

　令和６年春

曹洞宗　洞雲禅窟　湯谷山　福泉禅寺住職　大谷俊定

## 伝承　小野小町　湯治で完治!!

現在の伏見区の醍醐には　小野という地名があります。
その小野の小町娘　つまり三十六歌仙の一人であり、絶世の美女。今風に言えば、容姿端麗の才女ということでしょう。　しかし、生家や生い立ち　老後のことについては　いろいろな説があり、あまり明らかではありません。

歌の作風は　恋愛ものなど　特色があることで知られていますが、作品数はあまり多くはなかったようです。

身体のあちこちに　皮膚病の「痒《よう》」ができていて、男性を寄せ付けなかったと言い伝えられています。
恋愛は多くできたようですが、近くに男性の姿がなかったということです。ざんねん　!

「湯谷の湯が皮膚病に良い」と勧められ、湯谷へ湯治にやってきました。

薬師堂の前に安置されていた湯壺の「薬師湯」に浸って治す百日間の湯治が始まりました。

毎日　熱心に湯治をしましたが、九十日間ほど経ったところで、一向に良くならないので、腹を立てて
「もうやめる　少しも治らない　　もう、帰る!」と
腹を立てて　着物を着て　山道を　萬願寺の方へ向かって帰りかけました。

## 夕立は馬の背を分ける

山の頂上に立った時　湯谷は快晴だったのに　萬願寺方面は　とても激しい夕立だったそうです。
「これでは帰れない」

踵を返して　湯谷へ帰り、再び湯壺につかり、あと十日間、治療を続けたところ見事、きれいに皮膚病の痒が治ったということです。

薬師如来様が激しい夕立を降らして、小町に最後まで真剣に湯治をさせてくださったのですね。　このようにして　薬師信仰が盛んになり、山林仏教の里として　東西別院町が栄えたのです。

# 妙法蓮華経

## 観世音菩薩普門品偈

## 薬草と共に楽しむ意訳本

大谷俊定　著

# 観音様を心から敬愛申し上げましょう

観世音菩薩　観音様　多くの人々から敬愛されている菩薩様で、如意輪観世音菩薩
聖観世音菩薩　千手観世音菩薩　十一面観世音菩薩　楊柳観世音菩薩　馬頭観世音菩薩
など三十三観世音菩薩を数えます。
それだけ多くの庶民の願いに　お応え頂いて来たということですね。
また、毎月十八日にご縁を結ぶと、それだけ功徳、ご利益があると信じられてまいりました。
観音経には、たくさんの喩えが挙げられています。困難な事象も例えて説かれています。

慈悲心　慈愛の言葉、他の人を大切に、
常に心の交流を保つ事の大切さ
相手が喜ばれることをさせて戴くことの大切さ
立場や考えが違えば　より一層　相手を理解し　言葉には愛情を込めることの大切さ
相手の長所を見つける努力をすれば、一層心の交流は深まることが説かれています。
戦争を避けるのも　相手を大切に思う心の愛情が必要ですね。
相手に面を向わず　第三者に相手の長所を述べるならば　心の交流は一層深まります

観世音菩薩様の心構えで生きたいと願うあなたが　善喜光励
よりお仕合せ感が豊かでありますように　高貴光麗

# アメリカノーゼンカズラ

ノーゼンカズラ科　つる性の落葉高木

開　花　　６月～７月

原産国　北アメリカ原産　大正時代に観賞用として輸入

形　態　５裂の花弁　赤朱色　雄蕊は５本　内２本が長い

　　　　古来のノーゼンカズラより花弁が長くラッパ状

薬　効　利尿剤　生理不順の改善剤

世《せ》尊《そん》妙《みょう》相《そう》具《ぐ》　我《が》今《こん》重《じゅう》問《もん》彼《ぴ》
仏《ぶ》子《し》何《が》因《いん》縁《ねん》　妙《みょう》意《い》観《かん》世《ぜ》音《おん》

人格豊かで心の澄んだお顔立ちと
厳かな立ち振る舞いの世尊お釈迦様に
私は　今　改めて観音様について
お尋ねを致します
仏子たる観音様は
どのようなご縁によって
観世音と名乗られているのでしょうか

アカバナユウゲショウ
　熱帯アメリカより明治時代に移入
薬効　下痢止め
　打撲傷には擂り潰して患部に貼る

具足妙相尊《ぐそくみょうそうそん》　偈答無尽意《げとうむじんい》
汝《にょう》聴《ちょう》観音《かんのん》行《ぎょう》善《ぜん》応《のう》諸《しょ》方《ほう》所《しょ》

お悟りを開かれ　厳かなお顔立ちで
円満な御心の世尊は厳かでリズミカルな歌を以て
無尽意菩薩にお答えになりました。
そなたよ　よく聴くがいい
観音菩薩の智慧と慈悲に満ちた行いは
あらゆる場所や時に関係なく人々の悩みによく応
えているということを。

アレチヌスビトハギ　マメ科
北アメリカ原産
半円形の実には毛が生えており、人などに
くっついて盗人のように足を横に立てて他人
の土地に侵入するため
薬効　めまい　疲労回復剤として

久《ぐー》誓《ぜい》深《じん》如《にょう》海《かい》　歴《りゃっ》劫《こう》不《ふ》思《し》議《ぎ》
侍《じー》多《た》千《せん》億《のく》佛《ぶつ》　発《ほつ》大《だい》清《しょう》浄《じょう》願《がん》

慈悲心いっぱいに人々を安心に導く誓願は
海のように深く
地球誕生の四十六億年もの遠くの昔から
計り知れない真理に支えられた
大清浄なる願いを起こし
今日までよく保って来たからなのだよ

アジサイ　ユキノシタ科　園芸種
日本原産が海外で艶やかな色に品種改良された。花は中央の小さいものです
薬効　解熱剤として

我《が》為《い》汝《にょう》略《りゃく》説《せつ》　聞《もん》名《みょう》及《ぎゅう》見《けん》身《しん》
心《しん》念《ねん》不《ふ》空《くう》過《か》　能《のう》滅《めつ》諸《しょ》有《う》苦《く》

ブッダとしての私が　簡単に説明しよう
観音の名前を聞き　姿を想い浮かべなさい
心に念じて観音菩薩の願いを忘れずに過ごすなら
多くの苦悩は解決されるだろう
　観音菩薩の名を唱え
姿を想い浮かべるならば、其方の心は
優しさに満ちて苦悩が治まるだろう

アマチャ　ユキノシタ科　日本原産
　お釈迦様のお誕生日灌仏会に供える

薬効　糖尿病など砂糖の摂取を制限されている人
　の甘味料として利用

仮《け》使《し》興《こう》害《がい》意《い》　推《すい》落《らく》大《だい》火《か》坑《きょう》

念《ねん》彼《ぴ》観《かん》音《のん》力《りき》　火《か》坑《きょう》変《へん》成《じょう》池《ち》

例え人を火の穴に落すようなよくない心を
興しても観音菩薩の力を念じて生きるならば
火の穴が水池のようになる道が開ける
観音菩薩の力とは　慈愛の心。
其の心を忘れないならば、悪心をもった者から
観音菩薩はそなたを善導し守ってくれるのだよ。

アサガオ　ヒルガオ科
奈良時代に中国から移入
外国に伝えられ　品種改良されて、
多色　大型化した。

薬効　下痢止め

或《わく》漂《ひょう》流《る》巨《こ》海《かい》　龍《りゅう》魚《ぎょ》諸《しょ》鬼《き》難《なん》
念《ねん》彼《ぴ》観《かん》音《のん》力《りき》　波《は》浪《ろう》不《ふ》能《のう》没《もつ》

或は大海で漂流して、サメや魚　様々な災難に
出会うようなことがあっても　観音菩薩のような
智慧や慈心を以ての生き方を念ずるならば
波に飲み込まれることはないだろう
慈悲　智慧を以て助け合う事が大切なのだよ

イモカタバミ　カタバミ科
地下にはイモがあるので名づけられた
薬効　葉は❤形　葉にはクエン酸　シュウ酸が含
まれており、疲労回復や怪我をした時の傷口
の消毒剤に利用、
家紋　中世の戦乱時には大切な植物であった、
葉の形を家紋にいち早く採用され、武士の家
紋には剣をデザインした。

或《わく》在《ざい》須《しゅ》弥《み》峯《ぶ》　為《い》人《にん》所《しょ》推《すい》堕《だ》
念《ねん》彼《ぴ》観《かん》音《のん》力《りき》　如《にょ》日《にち》虚《こ》空《くう》住《じゅう》

或は　須弥山の頂きから人に突き落とされそう
になっても、観音菩薩の願いをもって生きようと
するならば、その突き落とそうとする悪業は
宙に浮かんでしまうのだよ
まるで太陽が空中にあるのと同じ様に

オニユリ　ユリ科　中国原産
古来に食用として渡来　人里に多い
葉の脇に黒紫色のむかごができる
6弁の花は斜め下向きに咲き鱗茎は食べられる
薬効
咳止め　解熱剤としても

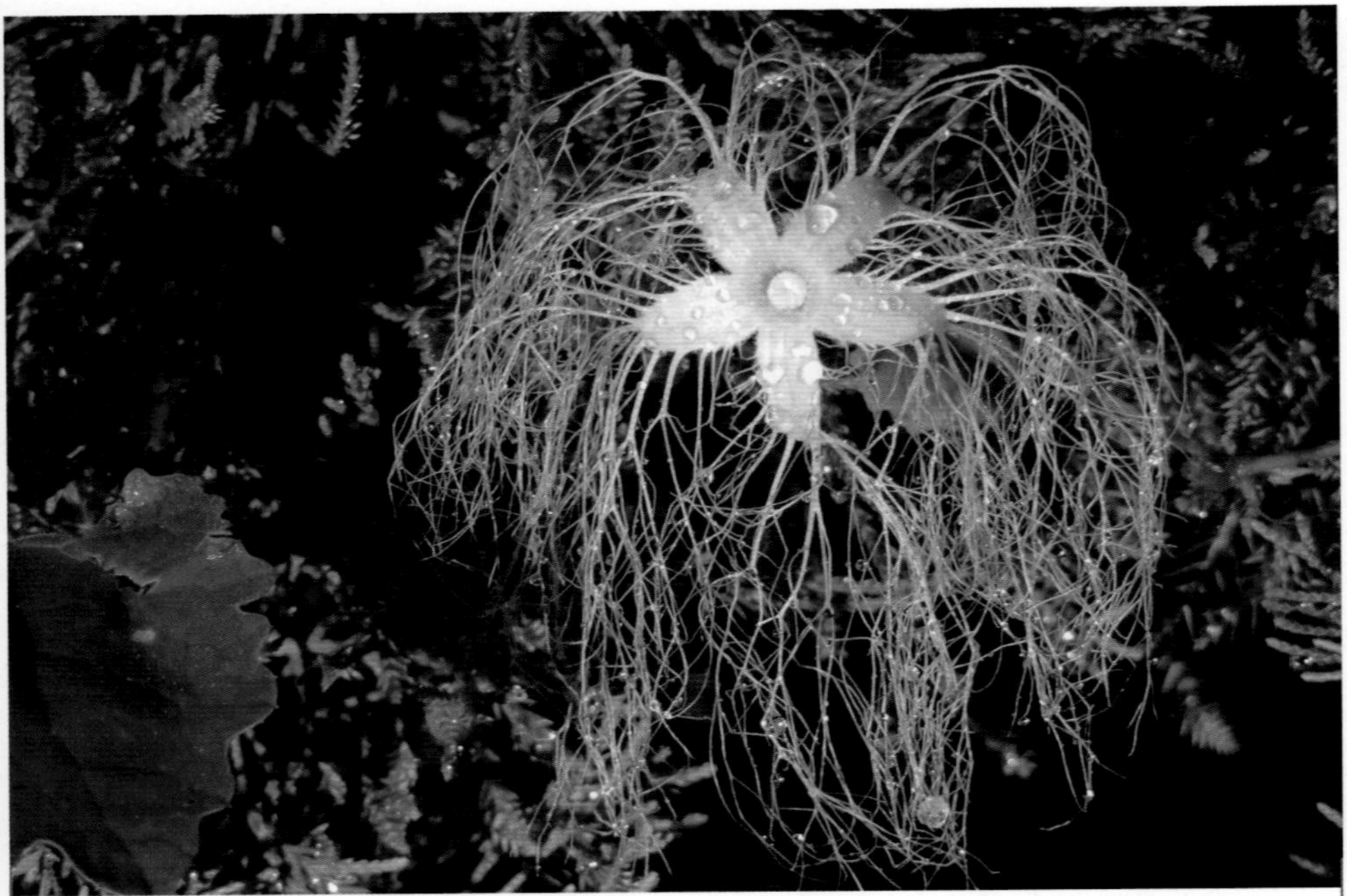

或《わく》被《ひ》悪人《あくにん》逐《ちく》　堕落《だらく》金剛山《こんごうせん》
念《ねん》彼《ぴ》観音力《かんのんりき》　不能損一毛《ふのうそんいちもう》

あるいは　悪人にさせられ仕合せの金剛山から
落とされそうになっても　観音菩薩の願いに生き
ようと強く生きるならば
いかなる悪の道へも落ちず怪我もしないだろう

カラスウリ　ウリ科
夏の夕方七時頃から咲き初め　三〇分ほどで
全開する　午後八時頃には蛾が来訪、十一時
ごろには萎む儚い花　秋には赤い実をつける
雌雄異株
薬効　しもやけ　には果実を貼り付ける
黄疸　利尿剤　煎じて服用が良いという

或《わく》値《ち》怨《おん》賊《ぞく》繞《にょう》　各《かく》執《しゅう》刀《とう》加《か》害《がい》
念《ねん》彼《ぴ》観《かん》音《のん》力《りき》　咸《げん》即《そく》起《き》慈《じ》心《しん》

或は妬みや怨みによって刀などで危害を加えられそうになっても、観音菩薩の願いに生きようと強く念じて生きようとするならば、相手も悉く皆は慈悲心を起こすだろう

カラスノエンドウ　マメ科

スズメノエンドウよりも大きいのでカラスになったらしい　エンドウのように実はなるが小さすぎて　食用には向かない

薬効　胃の調子が良くないとき　血行を良くするので、煎じ汁を服用されてきた

或《わく》遭《そう》王《おう》難《なん》苦《く》　臨《りん》刑《ぎょう》欲《よく》寿《じゅう》終《しゅう》
念《ねん》彼《ぴ》観《かん》音《のん》力《りき》　刀《とう》尋《じん》段《だん》段《だん》壊《え》

或は　無謀な政権によって苦難に会って処刑にて命を終えようとするとき、観音菩薩の願いを胸に強く抱くならば　たとえ処刑されてもそのような権力はやがて滅び、誤って使われた刀は折られてしまうだろう

キツネノマゴ　　キツネノマゴ科
　別名として　目薬花　目薬に利用したから
食用　若葉と茎を湯がいて
薬効　入浴剤として利用すれば腰痛の改善に効能
其の他　解熱剤　風邪引き時ののどの痛み改善薬

或囚禁枷鎖《わくしゅうきんかさ》　手足被杻械《しゅうそくひちゅうかい》
念彼観音力《ねんぴかんのんりき》　釈然得解脱《しゃくねんとくげだつ》

或は　首枷《くびかせ》をされたり鎖に繋がれたり、手足に手かせ足かせされたりするようなことをされたとしても、観音菩薩の想いや願いに生きておれば加害者はその思いに気づいて解放するだろうそうでなければ、その罪業は加害者について行くのだよ。

ゴボウの花　キク科　欧米人は葉を食べる
食用　根を食べるのは日本人　韓国人　中国人
薬効　のどの痛み　腫れ物　など
食べると大腸の働きをよくする

咒《しゅ》詛《そ》諸毒薬《しょうどくやく》　所欲害身者《しょよくがいしんしゃ》
念《ねん》彼《ぴ》観音力《かんのんりき》　還著《げんじゃく》於《お》本人《ほんにん》

呪いや毒薬　悪言やパワハラなどで我が身に
危害が加えられるようなことになってもあなたが
観音菩薩の願いに生きておれば、かえって加害者
にその悪行罪業がついて行くだろう

サザンカ　山茶花　ツバキ科
野生は白い花　園芸種はきれいなピンク・紅色
花弁はバラバラに落ちる
薬効　皮膚や毛髪に潤いを与える
椿油と同様の薬効
開花は十月から十一月　ツバキより早い

或《わく》遇《ぐう》悪《あく》羅《ら》刹《せつ》　毒《どく》龍《りゅう》諸《しょ》鬼《き》等《とう》
念《ねん》彼《ぴ》観《かん》音《のん》力《りき》　時《じ》悉《しつ》不《ふ》敢《かん》害《がい》

或は悪い羅刹　毒を持つ龍　いろいろな悪心
を持った人に出会っても　パワハラを受けても
観音菩薩の願いに正しく生きて居るならば
　不要な危害を加えられないだろう
其のパワハラの矛先は、　加害者に向うだろう

センニンソウ　　キンポウゲ科　毒草
　皮膚に触れると発心を興すので注意
　作業にはビニール手袋を着用の事
　口に入れないこと
薬効　扁桃腺炎ののどの痛みには　利き腕でない
方の手首内側に葉の三分の一を切り取り貼り付け
包帯で縛る　五分間で必ず取り外す
　決して長く貼り付けないこと

若《にゃく》悪《あく》獣《じゅう》囲《い》繞《にょう》　利《り》牙《げ》爪《そう》可《か》怖《ふ》
念《ねん》彼《ぴー》観《かん》音《のん》力《りき》　疾《しっ》走《そう》無《む》辺《へん》方《ぼう》

もし　悪獣に囲まれ　鋭い爪で怖いことが起こるようなことを　時には自分が自分をそのように苦しめていることもよくあるのだよ。そのような時こそ　観音菩薩の願いに思いを馳せるならば　恐怖心は　いずこかへ去るだろう。

ニホンシャクナゲ　ツツジ科

四国の石鎚山に残る伝承、石川備中守がシャクナゲの葉陰に隠れて難を逃れたという言い伝えから葉を厄除として身に着ける

薬効　むくみ解消の利尿剤として

玩《がん》蛇《じゃ》及《ぎゅう》蝮《ぶつ》蠍《かつ》　気《け》毒《どく》煙《えん》火《か》燃《ねん》
念《ねん》彼《ぴー》観《かん》音《のん》力《りき》　尋《じん》声《しょう》自《じ》回《え》去《こう》

蛇やマムシ　サソリ　毒を含む煙が発生することもある。そのような時でも　観音菩薩の願いに行動するならば　そのものたちは必ず自らUターンしていくだろう

ジャケツイバラ　　マメ科
ジャは蛇　ケツは周りの木に抱き着いて上るので
古代に中国から薬用で輸入
鋭い棘があるので注意
薬効　実を煎じて下痢止めとして用いられた

雲《うん》雷《らい》鼓《く》掣《せい》電《でん》　降《ごう》雹《ばく》澍《じゅ》大《だい》雨《う》
念《ねん》彼《ぴ》観《かん》音《のん》力《りき》　応《おう》時《じ》得《とく》消《しょう》散《さん》

雲に覆われ雷の稲妻が走り　あられや大雨が
降るようなことがあっても
観音菩薩の願いに行動すれば
落ち着いて行動することが出来るのだよ

シュウカイドウ　　シュウカイドウ科
中国原産　薬用と園芸種として江戸初期に移入
野生化している
薬効　シュウ酸を含んでいる。
皮膚病　殺菌作用もあるので、たむしなど
かゆみを伴う皮膚炎
食用も可能

衆生《しゅじょう》被《ひ》困厄《こんやく》　無量《むりょう》苦《く》逼身《ひっしん》
観音《かんのん》妙《みょう》智力《ちりき》　能救《のうぐ》世間苦《せけんく》

衆生の皆さんに災難を受けて多くの苦しみが
襲ってきたとしても　観音菩薩の妙なる智慧を
持って行動すれば　必ずや世間の苦しみから
救って貰えるだろう

ツユクサ　ツユクサ科
露がある早朝に咲くことからつけられた名前
水溶性なので友禅染の下絵描きに利用
和紙の染色にも利用

薬効　熱さまし解熱剤　下痢止めにも良い

具足《ぐそく》神通力《じんずうりき》　広修《こうしゅう》智方便《ちほうべん》
十方《じっぽう》諸国土《しょうこくど》　無刹不現身《むせつふげんしん》

修行が行き届き菩薩と呼ぶにふさわしい方
仏陀の智慧を以て人を善導できる人は世界の
あらゆる場所に存在しているのです。
こちらに受け皿があれば出会えるのだよ。
こちらに受け皿がなければ出会えないのだよ。

コマツナギ　マメ科
原産国　中国　馬にとってとても美味しい草
でその場から離れようとしないので
名づけられた
薬効　消化不良に薬効
食用　若葉や花は浸し物で

種々諸悪趣《しゅじゅしょあくしゅ》　地獄鬼畜生《じごくきちくしょう》
生老病死苦《しょうろうびょうしく》　以漸悉令滅《いぜんしつりょうめつ》

生命を維持し食事を為して子孫を残すという本能の働きは、抑えられない欲望をかき立て、悪行にも転化するが、それも観音菩薩の願いに生きているならば、悉く滅せられ改善されるであろう。あらゆる欲望は、観音菩薩の御心によって善用することが大切なのだよ。

ネムノキ　マメ科　合歓木
朝開き夜には花も葉も閉じる　夫婦相和す処から名づけられた　規則正しい生活
薬効　精神安定剤　皮膚炎に薬効

真《しん》観《かん》清《しょう》浄《じょう》観《かん》　広《こう》大《だい》智《ち》慧《え》観《かん》
悲《ひ》観《かん》及《ぎゅう》慈《じ》観《かん》　常《じょう》願《がん》常《じょう》瞻《せん》仰《ごう》

　真実を見抜き　正しく見抜こうとする
知恵を理解した智慧による見抜き
悲しみを共感できる看方
慈しみを以て観る
観音菩薩の願いで常に願い
常に最高の心の在り方を大切にすることが
大事なのだよ

ノアザミ　キク科
　綺麗な花なのでうっかり手を出すと刺され欺
かれる事から着いた名前

薬効　神経痛や胃痛に効能

無《む》垢《く》清《しょう》浄《じょう》光《こう》　慧《え》日《にち》破《は》諸《しょ》闇《あん》
能《のう》伏《ふく》災《さい》風《ふう》火《か》　普《ふ》明《みょう》照《しょう》世《せ》間《けん》

無垢清浄の心の持ち主には安心
暗闇を明るくして破るが如き人は火事場泥棒のように　人の不幸を自己利益にしない
世間を良く照らす人は　観音菩薩の願いによく生きているのだよ

ノイバラ　　バラ科
白い5弁の花を6月頃咲かせる。　鋭い棘があるので気を付ける

薬効　利尿剤　皮膚のできもの　ニキビなど
口内炎にも良いという

悲《ひ》体《たい》戒《かい》雷《らい》震《しん》　慈《じ》意《い》妙《みょう》大《だい》雲《うん》
澍《じゅ》甘《かん》露《ろ》法《ほう》雨《う》　滅《めつ》除《じょ》煩《ぼん》悩《のう》燄《えん》

悲しみや苦しみの多いこの心身に戒という
望みを与えると　雷鳴の如く　慈しみの心が
大いなる雲のように私たちを包んでくれる
観音菩薩の御心が法雨として注がれ　身心が心の
栄養で満たされ、邪な考えや心が取り除かれる

ノビル　　ユリ科
噛むと口の中がヒリヒリするので名づけられた
薬効　ビタミンB1の吸収を促進する健康食品
　　虫刺されや　かゆみ止め　皮膚炎に
食用　若草を炒め物　雑炊などにできる

諍《じょう》訟《しょう》経《きょう》官《かん》処《しょ》　怖《ふ》畏《い》軍《ぐん》陣《じん》中《ちゅう》
念《ねん》彼《ぴ》観《かん》音《のん》力《りき》　衆《しゅう》怨《おん》悉《しっ》退《たい》散《さん》

あらゆる争いごと　戦火のような恐怖の中にあっても、観音菩薩の慈愛に生きておれば　人々の怨念が心から浄化されて行くものだよ
他人を思いやる心をみんなが持ちたいね

ヒガンバナ　マンジュシャゲ　ヒガンバナ科
原産国　中国から古代に移入
白色・黄色もある
有毒です　そのまま口に入れないこと
田んぼの畔に植えたのは　モグラが通路を掘り、その穴を鼠が通って根茎類を食い荒らすので　モグラ除けとして
薬効　肩こり　神経痛などの緩和剤
食用　根茎を摺り下ろして水で良くさらす
良質なデンプンが採れるので江戸時代に推奨

妙《みょう》音《おん》観《かん》世《ぜ》音《おん》　梵《ぼん》音《のん》海《かい》潮《ちょう》音《おん》
勝《しょう》彼《ひ》世《せ》間《けん》音《おん》　是《ぜ》故《こ》須《しゅ》常《じょう》念《ねん》

不思議と心温まる観音菩薩のお声　心温まる梵音
夜半の静けさの中に遠く聞こえる海の音は
私たちの身勝手な欲望を離れさせてくれる。
この故に常に観音菩薩のような生き方を念じて
人間界の醜い争いを浄化したいものだね

フジバカマ（白色フジバカマ）　キク科
古代に中国より移入　帰化植物

薬効　糖尿病の予防　黄疸　利尿剤　など

念《ねん》念《ねん》勿《もっ》生《しょう》疑《ぎ》　観《かん》世《ぜ》音《おん》浄《じょう》聖《しょう》
於《お》苦《く》悩《のう》死《し》厄《やく》　能《のう》為《い》作《さ》依《え》怙《こ》

願いなさい　願いなさい　自身の能力を信じて
観音菩薩の清らかな願いに生きようと
願いなさい
苦悩や死、禍を抱えていても
観音菩薩の願いに生きると心は拠り所となり、
心は自在となれるのだよ

ブルー・スカルキャップ　シソ科
花が波を打っているように見える
本州・四国・九州に自生

薬効　精神安定剤
効能が良いので多く飲まない事

具《ぐ》一切《いっさい》功徳《くどく》　慈《じ》眼《げん》視《じ》衆生《しゅじょう》
福聚《ふくじゅ》海《かい》無量《むりょう》　是故《ぜーこー》応《おう》頂礼《ちょうらい》

観音菩薩のような徳を供えた人は　多くの人々に
思いやりの眼差しを以て接する事ができるのだよ。
福の集まる世界は海のように総てを受け入れ
その尊い観音菩薩の御心を
しっかり頂礼致したいね
そのように世尊仏陀が仰ると、

フジ　マメ科「藤」は国字
薬用　下剤　種子を制癌剤（胃がん）として
食用　花を茹でて浸し物　葉はアク抜きして

爾時《にーじー》　持地菩薩《じーぢーぼーさー》　即従座起《そくじゅうざーきー》
前白佛言《ぜんびゃくぶつごん》

功徳　智慧に優れ、大地すべてのお陰で
一切衆生を救済する持地菩薩が
仏陀のお諭の後、直ぐに立ち上がり、
前に進んで出て　申し上げました

ヘビイチゴ　　バラ科
葉は黄緑色　果実には突起がある
食べることは出来るが、美味しくないので、
食べるのは蛇くらいだろうというので名づけた

薬用　解熱　生理不順に煎じたものを服用

世《せ》尊若有衆生《そんにゃくうーしゅじょう》
聞是観世音菩薩品《もんぜーかんぜーおんぼーさーほん》　自在之業《じーざいしーごう》

仏陀世尊にお尋ねします。　只今
ブッダがお説きになった観世音菩薩の
「高徳自由」の生き方を多くの人に知らしめた
ならば　素晴らしい世になるでしょう
「自由」とは自ら進んで人の為　世のために
善霊を捧げる尊い行いの事なんですね
※決して我儘　好き勝手ではないのです

マムシグサ　　サトイモ科
薬効　飲んで効く腰痛の薬　咳　痰にも効能
但し薬効が強いので常用はしない事

普《ふ》門《もん》示《じ》現《げん》神《じん》通《ずう》力《りき》者《しゃ》
当《とう》知《ちー》是《ぜー》人《にん》功《く》徳《どく》不《ふ》少《しょう》

普く人々の為に開かれている観世音菩薩の
願いの仏門に出会い　最善の生き方に目覚める
ならば　その功徳は
その人にとって計り知れない功徳となるので
すよ

ムラサキツメクサ　マメ科クローバーの仲間
原産国　西アジア　牧草として明治時代に移入
薬効　咳　痰　痛風などに効能がある

佛説《ぶっせつ》是《ぜ》普門品《ふもんぼん》時《じ》
衆中《しゅうちゅう》八万《はちまん》四千《しせん》衆生《しゅじょう》
皆発《かいほつ》無等等《むとうどう》
阿耨多羅《あのくたら》三藐《さんみゃく》三菩提心《さんぼだいしん》

ブッダがこの「普門品」をお説きになられた時、
傍にいた数多くの人々は　皆等しく
崇高な尊い心を興したのです
　尊いお説を耳にすると　その人の心に
崇高な心が芽生えてくるものです。
私たちも皆
崇高な心を胸に抱きたいものですね。

ツバキ　ツバキ科
　薬効　整腸剤　オイルは整髪剤
　食用　オリーブ油の代用として

**アカカタバミ**　薬用　シュウ酸による消毒剤　　食用　クエン酸による疲労回復剤　繁殖力の強さと薬効により、❤形の葉は子孫繁栄の縁起物の象徴として　いち早く武士の家紋に採用。

# 楽しく希望のもてる「法の華」

観世音菩薩のお経は「法の華」として　お釈迦様がお説き下さったみ教えを
解りやすく　楽しく　希望を持たせるように　物語風に著されたものです。
お釈迦様は、心理学　科学　薬学　天文学　医学　武道　戦術・・・に長けた方でした。
言うならば　スーパーマンであり、僅か十歳前後の青少年が当時の科学者などの専門家を悩
ましたほどの英才であったと伝えられています。

現在においては

「科学は　やっと仏教の入り口に到着しました」

先端物理学者　言

「科学と仲良くできる宗教が在るとすれば　それは仏教以外にない」

偉大な世界的物理学者　言

と　評価されていますよ

ジンジャー　ハナシュクシャ
美味しいかい?　クロアゲハちゃん
花は紅鶴に似ており、みんなで希望の旅立ち

シヨウガ科

## 観音信仰の原点は、波動学である

私は　観世音の原点は　お釈迦様がお説き下さった「波動学」であると発見しました。
波動学は最近　学問的研究や実践が進んできました。
脳波　色波　電波　音波　心波・・・この世は波によって繋がっています。
阿弥陀経にも「青色は青色光　黄色は黄色光」その人なりに輝けば良き繋がりが広がり、
その人の人生が輝くことが説かれています

## 植物にも伝わる波動

同じサイズのアサガオを左右に離して置き、条件を同じようにしておく。
片方には
「きれいな花を咲かせてね。愛しているよ」と、優しく声を掛ける
もう片方には
「お前なんか　枯れてしまえ　消えてしまえ」と悪言を掛けます。
声が分かったかのように　悪言を掛けられた方のアサガオは枯れてしまいました。今後、この事実を実験栽培で確かめてはどうでしょうか。

# カラスウリの花

　真っ暗な中　何を目当てに飛んでくるのか
虫媒花　雄花に先に飛んでくるのも不思議
何か波動が在るのかなあ

夕方19時頃から咲き初め　夜中21時には萎んで
しまう短命な開花時間

薬効　黄疸　利尿剤
　　　果実は貼り付けて　しもやけの改善に

## 法華経「観音経」を頂く時の心構え

観音経を読ませて頂くと、本当にこのようなことが起こるのだろうかと、疑問を抱くことが再々起こります。

「法華経」「法」の「華」とは、お釈迦様仏陀のみ教えを頂き心に念じて行動するならば、

「このような理想的な世の中になりますよ」という理想的な世の中を「法の華」として物語風に喩えられた説話集です。

植物に例えれば　根の部分や茎の部分ではなく　咲いている花の部分なのです。

つまり、

根　このように修行して

茎　このように展開　発展すれば

華　このようなきれいな花が咲きました

このようにしてみますと、「根・茎」の部分ではなく、「華」の部分が物語風に示されています。内容が飛躍したように見えるところがありますが、それは、このような表現になっているからです。

**タニウツギ**　　R4 年５月閉校となった中学校の傍にて
主に日本海側や谷間に自生　　　スイカヅラ科　健康茶
乾燥してから炊き立てのご飯に混ぜて食用にできる
ウツギとは別品種　　　　西別院町万願寺

# 先生のあの一言がなかったら・・・

少年鑑別所での面接で、
私　「良いところへ来たね・・？」　担当官・本人は思わず私を見た!!
A君　「えっ？・・」
私　「そうだろ？　今のこの時間は　君の同級生たちは何してると思う？」
A君　「学校で勉強してるやろな」
私　「でも、君はここで自分の一生涯の仕事を考える時間が持てたんだろ？
ここへ来たことを最高に生かしたら、素晴らしい機会になると思うよ
建築の仕事をしたいんだろ？　此処で建築のデザインや目的のビルの写真を見せて
貰って　勉強したらどうかな？」
担当官・本人たちは納得!!
笑顔になったA君　2週間後　少年鑑別所を出所　作文に
「先生のあの一言がなかったら・・・」という作文を書いてくれました。
人の心に花を咲かせる言葉を出してみましょう
それが　観音行　ではないでしょうか

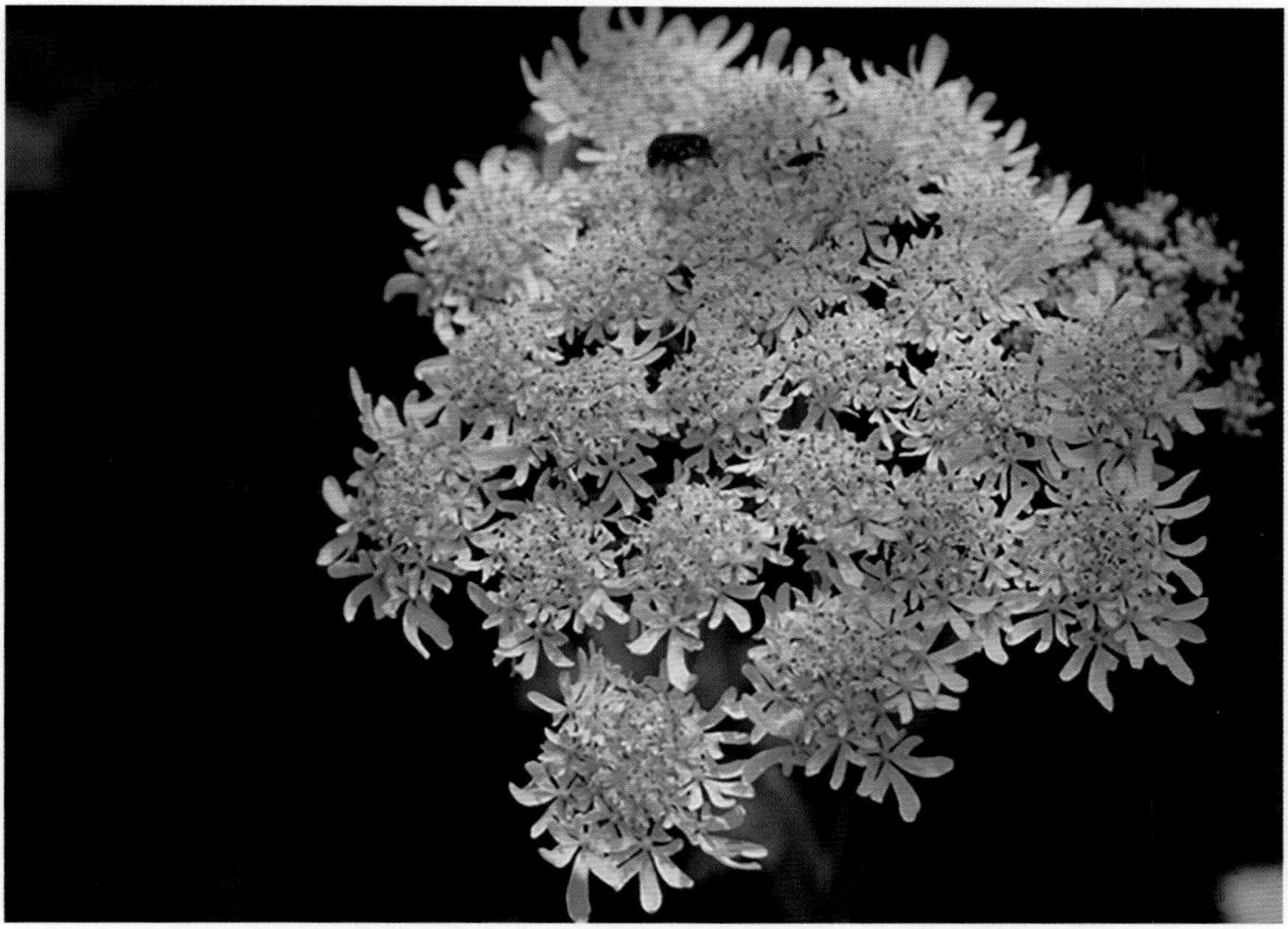

薬草の呼び名は　主に当地で呼ばれていた名前を参考にした
当地では　ＰＴＡ活動として薬草を採取し製薬会社に引き取ってもらい、学校教育に役立てていた
人口減少のため　令和５年３月　中学校が閉校となった。
オオハナウド　セリ科　若葉は食用
神経痛・リウマチに薬効
京都府亀岡市　東西別院地区は
地質は　海底堆積岩チャート　火成岩花崗岩　変成岩層からなる山間地　水質はとてもよく、シリカ（$SiO_2$）や炭酸カルシウム（$CaCo_3$）を含む名水と呼ばれる水質。
平家の落ち武者の集落であり、家屋の建て方も独特。特に仏壇の裏面が武器庫となっているなど、往時の建て方を今日も継承。京都御室の仁和寺の別院の荘として、平穏に人間性豊かに生活されている地域。

青空に向って　さあ Go

善喜光励　高貴光麗

夕陽に輝く紅葉
私たちもこのように輝き　人々を仕合せに導きたいですね

## 掲載した薬草一覧

| | |
|---|---|
| 1. アメリカノーゼンカズラ | 21. ネムノキ |
| 2. アカバナユウゲショウ | 22. ノアザミ |
| 3. アレチスピトハギ | 23. ノイバラ |
| 4. アジサイ | 24. ノビル |
| 5. アマチャ | 25. ヒガンバナ |
| 6. アサガオ | 26. フジバカマ　白色 |
| 7. イモカタバミ | 27 ブルー　スカルキャップ |
| 8. オニユリ | 28. フジ |
| 9. カラスウリ | 29. ヘビイチゴ |
| 10. カラスノエンドウ | 30. マムシグサ |
| 11. キツネノマゴ | 31. ムラサキツメグサ |
| 12. ゴボウの花 | 32. ツバキ |
| 13. サザンカ | 33. アカカタバミ |
| 14. センニンソウ | 34. ジンジャー |
| 15. 二ホンシャクナゲ | ハナシュクシャ |
| 16. ジャケツイバラ | 35. 紅梅 |
| 17. シュウカイドウ | 36. カエデの紅葉 |
| 18. ツユクサ | 37. タニウツギ |
| 20. コマツナギ | 38. オオハナウド |

写真撮影は　総て意訳解説著者　大谷俊定の撮影
薬草として使用する場合は、専門家の指導を仰いで下さい
薬草の名称は、地方によっていろいろな呼び名があります
薬草の多くは　予防薬として平素から使われていました

ホウノキの花　薬効　利尿・咳・痰・動悸息切れなどに

意訳著者　苗秀寺十七世東堂中興　**大谷俊定**

大阪府・京都府公立小学校教諭7年間
全国曹洞宗青年会第5期副会長
亀岡市教育委員・民生児童委員・保護司等を歴任

在任中・苗秀寺十七世中興東堂
福泉寺現住職　（中興開山）
亀岡市人権教育啓発指導員
京都府更生保護受章者会副会長
亀岡市教育委員会サイエンスフェスタ　スタッフ

心わくわく　お祖師様方がお読みになったお經
舎利礼文《しゃりらいもん》
もみじの美しさと共に素敵なお釈迦様の世界へ

一心頂礼《いっしんちょうらい》

私は邪《よこしま》な心を無くして
唯ひたすらに

万徳円満《まんとくえんまん》

とても大きなお徳を
備えておられる
仏陀の御心を頂きたく
礼拝《らいはい》いたします

**釈迦如来《しゃかにょらい》**

仏陀　お釈迦様の

**身心舎利《しんじんしゃり》**

生命体としての身も心も
舎利として
変じない存在です

**本地法身《ほんぢほっしん》**

最高の人格を完成された
法身としての肉体は
掛け替えのない
尊い存在です

法界塔婆《ほうかいとうば》

宇宙や地球などの
大自然の法則や真理
人類の心理を
明らかにされ
仏陀となられた
お釈迦様を

我等礼恭《がとうらいきょう》

わたしは
心の底から
大切に敬います

為《い》我《が》現《げん》身《しん》

このように敬う心を
持たせていただくと
仏陀の心は
私の身や心の中に現れ、

入《にゅう》我《が》我《が》入《にゅう》

私の心の中で大きく花開き
私の心は仏陀を一層求めて
以心伝心
共鳴し合います

佛《ぶつ》加《が》持《じ》故《こ》

仏陀
お釈迦様のお加護のお蔭で

我《が》証《しょう》菩《ぼ》提《だい》

私は
人格を高めることの
大切さを
解らせて頂きました

以《い》佛《ぶつ》神《じん》力《りき》
仏陀の大きなお力を
戴いて

利《り》益《やく》衆《しゅう》生《じょう》
多くの悩める人々を
安心へと導き、

発《ほつ》菩《ぼ》提《だい》心《しん》
本当の幸せとは何か　と
いう課題に
取り組ませていただきます

## 修《しゅう》菩《ぼ》薩《さつ》行《ぎょう》

私たちが生きることは
全世界、人々が安心安全、
仕合せの道を
歩ませて戴くことであり

## 同入円寂《どうにゅうえんじゃく》

皆ともに同じく
分け隔てなく
心円かにして

平等大智《びょうどうだいち》

分け隔てのない
バランスの取れた
最高の人格者としての
大智慧を
完成させて頂きます

今将頂礼《こんじょうちょうらい》

今まさに
頂礼いたします

佛教は「宗教」です。
「宗」本来の自分の尊さに目覚める
そのためのみ教え
あなたもご自身の大切さに目覚め
明るく　前向きに生きましょう

黄色は
明るく
深い思いやり
人格完成者の高貴な色

# 唯我独尊

私たちは
かけがえのないたった一つの生命
かけがえのないたった一つの身体
かけがえのないたった一度の人生
そのことを自覚し　尊く生きます

# お誕生日はお母さんありがとうの日

「今日は、優魅ちゃんのお誕生日ね。おめでとう。
今夜は、お祖父ちゃんとお祖母ちゃんの家で
お誕生日会をしたらどう？」
実家の母からの電話に、思わず涙が出てきました。
二～三日前から、イライラして三歳の娘に辛く当た
り散らして、顔を叩いている私。
母は　どのようにして
　こんなどうしようもない私を育ててくれたの
　かしら？
そんな思いが急に胸を打って出てきました。
　思わず
「お母さん　ありがとう
　　こんな私を育ててくれて・・・」
泣き崩れている私に　母は
「皆同じよ　優魅ちゃんをしっかり抱きしめてあげ
なさいね。あなたと優魅ちゃんは　同い年よ。」
優しく声をかけてくれました。

―マンション住まいのシングルマザーからの声―

# 知恵が分かることが「智慧」？

「知恵とはね、恵まれていることか分かることだよ」って、和尚さんに教えて貰ったの。

そのことが分かることが「智慧」なんだって？？？。

『パンツ一枚、自分で作ってないでしょ？』だって。

「そらそうだけど、この毛糸のセーターは、私が編んだのよって言ったら、

『毛糸は羊さんの毛でしょ。羊さんのお陰だよ。羊さんの毛を糸に紡いだのは、誰かな？』だって。

「海外の人にもお世話になっているのだよ」って言われたとき、無性に腹が立ってきて、

「なんで、そんなこと言われなダメなの!!」

『子育ては、お隣　ご近所　保育所　御両親　皆さんに　お世話になりましょうね。』

それを言われて、何や知らんけれど　気持ちが楽になったわ」

「それが　智慧なのか・・・・」

# 人にも　物にも　廃材はないよ

この石の門は、白象に似ている所から『白像門』と名付けています。
民家の裏山にあって、いつ落ちて来るかわからない不安な毎日。六四トンの巨石
その巨石を取り出し爆破の予定だったのですが、門にくり抜き、建てたところ白象に似ていましたので、お釈迦様のお誕生と縁の深い縁起の良い「白像門」と名付けました。
人にも　物にも廃材はありません。

貴方も　その向こうの貴女も　大切な宝物
廃材を作るのは、私たちの身勝手なのですよ。
白像門を建てた時、日当たりが悪くなるって
嫌そうな顔のモミジちゃん
今や白像門に恋をして　もたれ掛かって
抱きしめているモミジちゃん

# 「舎利」とは　炭化物

「舎利礼文」

このお經はお釈迦様の御遺骨を大切に拝むときの心得と誓いを説いたお經です。

「焼骨」になられたお釈迦様の御遺骨は、各地でお祀りされています。

舎利　お骨　は、燃焼によって不燃部分が残ったもので、「炭化」したものです。

この炭化によって、お釈迦様の　み教えと御遺骨は不滅となりました。

木炭　石炭　竹炭・・・それぞれ炭化したもの腐敗しないもので、純粋な炭素です。火をつけると燃焼します。

仏法も不滅

心の火をつけると辺りを照らします。

お花が美しい　と感じられたとき
それは　あなたの心が美しいから
だから　そのように観えるのですよ

**心ウキウキ**
**花のお経**

2024年5月25日　　初版 第1刷発行

著　者　**大谷 俊定**

発行所　有限会社 仏教出版
〒177-0041 東京都練馬区石神井町
6-17-35
電話　03-3997-3600
Fax　03-6913-4213

乱丁・落丁本はお取り替え致します。
ISBN 978-4-909449-02-3